# 5 Zutaten
# 10 Minuten

Ich bedanke mich ganz herzlich bei meiner wunderbaren Familie,
Adam, Ruby und Ben, die mir immer meinen Tee serviert und mich während
der Arbeit an diesem Buch stets ermutigt haben.

Ebenfalls bedanke ich mich bei dem ganzen Team, das es ermöglicht hat,
die Teile dieses schönen Puzzles zusammenzusetzen: Alice Cannan,
Deirdre Rooney, Helen McTeer und Anna Osborn. Mein innigster Dank
geht wie immer an Catie Ziller, die mir dieses ehrgeizige, aber äußerst
befriedigende Projekt anvertraut hat.

Die Originalausgabe dieses Buches ist unter dem Titel »Vite fait bien fait«
© 2016 bei Hachette Livre (Marabout), Paris, erschienen.


Aus dem Französischen übersetzt von Barbara Buchwalter.


© 2017
AT Verlag, Aarau und München
Fotos: Deirdre Rooney
Grafische Gestaltung: Alice Cannan
Printed in China
ISBN 978-3-03800-979-5
www.at-verlag.ch


Der AT Verlag, AZ Fachverlage AG, wird vom Bundesamt für Kultur
mit einem Strukturbeitrag für die Jahre 2016–2020 unterstützt.

Sue Quinn

# 5 Zutaten 10 Minuten

## EINFACH GEKOCHT
## SCHNELL GEKOCHT

# Inhalt

# Einführung

Im Handumdrehen und ohne großen Aufwand köstliche Mahlzeiten kochen? Das geht tatsächlich! Hier erfahren Sie die Geheimnisse der simplen Turboküche.

## 1 Gute Produkte

Frische Nudeln, tiefgefrorenes Gemüse und Früchte, würzige Saucen, Tomaten-Passata, Dosentomaten und qualitativ hochwertige Brühen sind Basisprodukte, mit denen man schnell kochen kann, ohne auf Qualität und Geschmack zu verzichten. Auf den folgenden Seiten finden Sie eine Liste der für die schnelle Küche unentbehrlichen Zutaten.

## 2 Gute Vorbereitung

Legen Sie die erforderlichen Zutaten und Küchenutensilien bereit, bevor Sie mit der Zubereitung beginnen. Häufig müssen mehrere Dinge gleichzeitig erledigt werden. Nutzen Sie Ihre Küchenausstattung optimal. Zum Aufkochen von Wasser ist der Wasserkocher selbst gegenüber dem Induktionsherd schneller, zumindest bis zu einer Menge von 1½ Litern.

## 3 Schnelle Kochtechniken

Alle Rezepte in diesem Buch können (wenn Sie schnell sind) in 10 Minuten oder weniger zubereitet werden. Aber keine Sorge, wenn Sie am Anfang etwas länger brauchen. Sobald Sie die Techniken der schnellen Küche verinnerlicht haben, werden Sie über eine ganze Menge an Gerichten verfügen, die Sie schneller zubereiten können, als Sie das jemals für möglich gehalten hätten. Schnell kochen lernt man schnell!

# Der ideale Vorratsschrank

 ## Basisprodukte

* Öl (Olivenöl, Pflanzenöl) – Für alle kalten Verwendungen, zum Aromatisieren und Verfeinern immer ein hochwertiges Olivenöl extra vergine verwenden!

* Salz (feines Salz und Fleur de Sel)

* Schwarzer Pfeffer aus der Mühle

* Zucker (brauner oder Rohrohrzucker, weißer Haushaltszucker)

* Butter

* Brot (z. B. Landbrot, Baguette)

* Eier

* Hochwertige Brühe, Würfel, gekörnt oder Extrakt

* Nüsse und Kerne

* Gewürze (auch speziellere wie geräuchertes Paprikapulver, Kreuzkümmel, Piment, Cayennepfeffer)

* Trockenfrüchte

* Pasta, frisch und getrocknet

* Couscousgrieß

* Gebrauchsfertiges Getreide oder Pseudogetreide (wie Quinoa), vorgekocht (Instant)

 ## Frische Produkte

* Knoblauch

* Kräuter

* Zitronen und Limetten

* Frühlingszwiebeln

* Chilischoten

* Tomaten

 ## Milchprodukte

* Joghurt oder griechischer Joghurt

* Crème fraîche

* Schlagrahm (Schlagsahne), evtl. UHT

* Frischkäse

* Käse (Parmesan, Feta, Mozzarella, Hartkäse, Ziegenkäse, Mascarpone)

 ## Fisch

* Geräucherter Fisch (Lachs, Makrele)

##  Fleisch

* Geräucherter Speck

##  Konserven

* Hülsenfrüchte (Kichererbsen, Linsen, Bohnen)
* Fischkonserven (Thunfisch, Sardellen, Sardinen)
* In Öl eingelegtes Gemüse (getrocknete Tomaten, gegrillte Auberginen, Paprika)
* Kapern
* Oliven
* Tortillas aus Weizenmehl
* Popcornmais
* Kekse (Butterkekse, Spekulatius oder andere)
* Kleine Baiserkekse (Meringues)
* Schokonusscreme (Brotaufstrich)

##  Saucen und Würzmittel

* Currypaste
* Pesto
* Tomaten-Passata (passierte Tomaten, Glas oder Tetrapack)
* Hummus
* Chilisauce (Tabasco, Sriracha)
* Harissa
* Sojasauce
* Senf
* Mayonnaise

##  Tiefgekühltes

* Früchte und Beeren
* Gemüse (Erbsen, Bohnenkerne)

# KAPITEL 1

# Häppchen, Imbiss & Fingerfood

# Karamellisierte würzige *Kürbiskerne*

Ergibt 1 Schale • 5 Minuten + 5 Minuten Ruhen • Küchenutensilien:
kleine Schüssel, Pfanne mit dickem Boden, 1 Blatt Backpapier

130 g Kürbiskerne

3 EL brauner Zucker

1½ EL gemahlener
Kreuzkümmel

¾ EL Cayenne-
pfeffer

1½ EL mildes
geräuchertes
Paprikapulver

**1** Alle Zutaten in einer kleinen Schüssel miteinander vermischen.

**2** In einer Pfanne 1 Teelöffel Pflanzenöl erhitzen, die Kürbiskernmischung hinzufügen und 1–2 Minuten unter ständigem Rühren erhitzen, bis der Zucker karamellisiert und die Kürbiskerne aufplatzen.

**3** Auf einem Backpapier verteilen und abkühlen lassen.

# *Popcorn* mit Parmesan

Für 4 Personen zum Aperitif • Zubereitung: 5 Minuten
• Küchenutensilien: Käsereibe, kleiner Topf, große Pfanne mit
dickem Boden und Deckel

30 g Parmesan

30 g Butter
und 1 Prise Salz

50 g Popcornmais

**1** Den Parmesan fein reiben.

**2** Die Butter in einem kleinen Topf schmelzen.

**3** Die Maiskörner mit 1 Esslöffel Pflanzenöl in eine große Pfanne geben.
Umrühren, damit sie sich gut mit dem Öl vermischen. Zudecken und auf
mittlerer Temperatur erhitzen. Sobald die Maiskörner beginnen aufzuplatzen, die Pfanne 1 Minute vom Herd nehmen, den Deckel aber nicht
öffnen. Dann wieder auf die Herdplatte stellen. Solange der Mais aufpoppt,
die Pfanne immer wieder leicht rütteln. Wenn nach ungefähr 2 Minuten
alle Maiskörner aufgepoppt sind, die Pfanne vom Herd nehmen und
1 Minute warten.

**4** Den Parmesan, die geschmolzene Butter und zusätzlich Salz nach
Geschmack hinzufügen und umrühren. Lauwarm servieren.

# *Grünkohl*-Chips

100 g Grün-
kohlblätter

½ TL geräuchertes
Paprikapulver

1 EL Zucker

½ TL Fleur de Sel

**1** Den Backofen auf 180 Grad vorheizen. Die Blätter des Grünkohls von
den groben Stängeln schneiden und in mundgerechte Stücke zerteilen.
In einer Schüssel mit 1 Esslöffel Olivenöl von Hand gut vermischen.

**2** Zucker, Paprikapulver und Fleur de Sel in einer kleinen Schale
vermischen. Nach und nach zum Grünkohl geben und gut vermengen.

**3** Die Blätter auf dem mit Backpapier belegten Blech verteilen und
im Backofen etwa 5 Minuten backen, bis sie knusprig sind und an den
Rändern goldbraun werden. Vor dem Servieren 5 Minuten abkühlen
lassen.

# Geröstete grüne *Paprika* mit Shichimi

Für 4 Personen zum Aperitif • Zubereitung: 8 Minuten • Küchenutensilien: große Pfanne mit dickem Boden und Deckel, Küchenpapier

Shichimi (japanische Gewürzmischung) zum Bestreuen

250 g kleine grüne Paprika-schoten (Pimientos de Padrón)

**1** Die Paprikaschoten waschen und trocknen.

**2** 3–4 EL Olivenöl in einer Pfanne erhitzen. Die Schoten hinzufügen und wenden, bis sie rundum mit Öl überzogen sind. 3–4 Minuten unter ständigem Wenden rösten, bis sie leicht aufplatzen und die Haut an manchen Stellen dunkel wird. Nicht länger als nötig erhitzen. Die Schoten auf Küchenpapier abtropfen lassen. Mit Shichimi bestreuen und sofort servieren.

**Gut zu wissen:** Diese Paprikasorte kann manchmal sehr scharf sein.

# Parmesan-Chips

Für 4 Personen zum Aperitif • Zubereitung: 5 Minuten + 5 Minuten Ruhen • Küchenutensilien: Käsereibe, kleine Schüssel, Backblech, Backpapier, Kuchengitter

50 g Parmesan

1 TL Mohnsamen

**1** Den Backofen auf 180 Grad vorheizen. Den Parmesan fein reiben. Die Mohnsamen hinzufügen und gut vermischen. Jeweils 1 gehäuften Esslöffel Käsemischung auf das mit Backpapier belegte Blech setzen und mit einem Löffelrücken flach drücken.

**2** Im Ofen etwa 3 Minuten backen, bis die Chips goldgelb sind. Einige Minuten auf dem Blech ruhen lassen, dann auf einem Kuchengitter abkühlen und fest werden lassen.

# Knoblauch-*Tortilla*-Chips

Ergibt 16 Stück • Zubereitung: 8 Minuten + 5 Minuten Ruhen
• Küchenutensilien: Backblech, Knoblauchpresse, kleine Schale,
Küchenpinsel, Kuchengitter

1 EL Olivenöl

2 Knoblauchzehen, geschält

2 Weizen-Tortillas

**1** Den Backofen auf 200 Grad vorheizen, das Backblech miterhitzen.

**2** Den Knoblauch in eine kleine Schale pressen, 1 Esslöffel Olivenöl hinzufügen und gut verrühren. Die Tortillas auf beiden Seiten mit der Knoblauchmischung bestreichen und mit Fleur de Sel bestreuen. Jede Tortilla in 8 Stücke schneiden.

**3** Das heiße Blech aus dem Ofen nehmen, die Tortillastücke darauf verteilen und im Ofen 5–6 Minuten backen, bis sie leicht gebräunt sind. Auf einem Kuchengitter abkühlen und fest werden lassen.

# *Tarama* selbst gemacht

Für 4 Personen zum Aperitif • Zubereitung: 5 Minuten
• Küchenutensilien: kleine Schüssel, Küchenmaschine oder Mixer

100 ml Olivenöl
extra vergine

200 g geräucherter
Kabeljaurogen

60 g altbackenes
Weißbrot

100 ml Milch

4–5 EL Zitronensaft

1 Die Brotkruste wegschneiden, das Brot in Stücke schneiden oder zupfen und in die Schüssel geben. Die Milch hinzugießen und das Brot aufquellen lassen.

2 Den Kabeljaurogen und das eingeweichte Brot im Mixer oder Blitzhacker zu einer cremigen Masse mixen.

3 Bei laufendem Gerät zuerst das Olivenöl, denn den Zitronensaft untermixen. Abschmecken und eventuell noch etwas Zitronensaft oder Wasser hinzufügen, wenn die Masse zu fest ist.

4 Mit Karottenstiften und Brot servieren.

# *Guacamole* selbst gemacht

Für 4 Personen zum Aperitif • Zubereitung: 5 Minuten
• Küchenutensilien: kleine Schüssel, Knoblauchpresse

Tabasco

2 große reife
Avocados

1 reife,
aromatische
Tomate

1 Knoblauchzehe,
geschält

1 EL Limettensaft

1  Das Fruchtfleisch der Avocados in eine Schüssel geben und mit einer Gabel grob zerkleinern.

2  Die Knoblauchzehe dazupressen, Limettensaft, Salz, Pfeffer und Tabasco (nach Belieben) hinzufügen. Gut vermischen.

3  Die Tomate fein schneiden und vorsichtig unter die Avocadomasse heben. Eventuell noch mit etwas Salz, Pfeffer, Limettensaft oder Tabasco abschmecken.

4  Mit rohem, in Stücke geschnittenem Gemüse servieren.

# Schwarze-*Bohnen*-Dip mit Harissa

Für 4 Personen zum Aperitif • Zubereitung: 5 Minuten
• Küchenutensilien: Küchenmaschine

1 Dose schwarze
Bohnen (ca. 200 g
Abtropfgewicht)

Etwas Limettensaft

1 EL Harissa
(scharfe
Gewürzpaste)

1 kleine Handvoll
Korianderblätter sowie
etwas Koriander zum
Dekorieren

**1** Die Bohnenkerne abtropfen lassen, dabei die Flüssigkeit auffangen.

**2** In der Küchenmaschine (Blitzhacker) die Bohnen zusammen mit Koriander, Harissa, Limettensaft und 2 Esslöffeln Olivenöl pürieren. 2 Esslöffel der Einlegeflüssigkeit aus der Dose hinzufügen und mixen, bis die gewünschte Konsistenz erreicht ist. Salzen, pfeffern und nach Geschmack mit etwas zusätzlichem Limettensaft abschmecken.

**3** In eine Servierschüssel oder Schalen umfüllen und mit Korianderblättchen bestreuen. Mit Limettenschnitzen und Tortilla-Chips (siehe Seite 22) servieren.

# Grüne-*Bohnen*-Dip mit Sesam

Für 4 Personen zum Aperitif • Zubereitung: 10 Minuten
• Küchenutensilien: Wasserkocher, Kochtopf, Mixer oder
Küchenmaschine

4 Knob-
lauchzehen

1 TL Sojasauce

1 TL Sesamöl

2 EL Limettensaft

500 g frische
grüne Bohnenkerne
(tiefgekühlt)

**1** Wasser im Wasserkocher aufkochen. Die Knoblauchzehen schälen. Die Bohnenkerne und die Knoblauchzehen in einen Kochtopf geben, mit kochendem Wasser auffüllen und auf dem Herd ungefähr 4 Minuten weich kochen. Abgießen.

**2** Die Bohnenkerne zusammen mit Sesamöl, Limettensaft und Sojasauce in den Mixer oder die Küchenmaschine (Blitzhacker) geben und pürieren. Dabei laufend bis zu etwa 200 ml kaltes Wasser hinzufügen, bis eine cremige Konsistenz erreicht ist. Salzen und pfeffern.

**3** Mit rohem, in Stücke geschnittenem Gemüse und/oder festen Salatblättern servieren.

31

# *Tomaten*-Basilikum-Bruschetta

Ergibt 4 Stück • Zubereitung: 10 Minuten • Küchenutensilien:
Backblech, Schüssel

4 reife Roma-Tomaten

4 Scheiben
Baguette, schräg
geschnitten

1 Knoblauchzehe

8 Basilikumblätter

**1** Den Backofengrill auf höchster Stufe vorheizen. Die Brotscheiben auf ein Blech legen, mit etwas Olivenöl beträufeln und im Ofen auf beiden Seiten goldbraun rösten.

**2** Die Tomaten in kleine Würfel schneiden, das Basilikum hacken. Tomatenwürfel und Basilikum in einer Schüssel mit 1 Esslöffel Olivenöl, Salz und Pfeffer vermischen.

**3** Die Knoblauchzehe schälen, längs halbieren und die gerösteten Brotscheiben damit einreiben. Die Tomatenmischung auf den Brotscheiben verteilen.

# *Bruschetta*-Variationen

Für 4 Stück • Als Basis 4 Scheiben geröstetes Baguettebrot
(Seite 32/33)

1 Handvoll
gemischte Kräuter
(z. B. Basilikum,
Oregano, Schnitt-
lauch, Petersilie,
Thymian)

Olivenöl

1 Aubergine

1 TL Cayennepfeffer

200 g Ziegen-
frischkäse

1 Knoblauch-
zehe

3 EL Natur-
joghurt

## Gegrillte Aubergine mit Joghurt

**1** Die Aubergine in kleine Würfel schneiden und in 2 Esslöffeln Olivenöl anbraten. Mit Cayennepfeffer, Salz und Pfeffer würzen. Unter Rühren weich braten.

**2** Die Knoblauchzehe schälen, zum Joghurt pressen und verrühren.

**3** Die Auberginenwürfel auf die gerösteten Baguettescheiben legen und 1 Esslöffel Knoblauchjoghurt daraufsetzen.

## Ziegenkäse und Kräuter

**1** Die Kräuter fein hacken und mit dem Ziegenkäse cremig verrühren.

**2** Großzügig auf die gerösteten und mit Knoblauch eingeriebenen Baguettescheiben streichen.

1 Handvoll schwarze Oliven

80 g Paste aus getrockneten Tomaten

1 EL Kapern

4 EL Butter

200 g Champignons

1 Zweig Oregano

2 Knoblauchzehen

## Getrocknete Tomaten, Oliven, Oregano

**1** Die Tomatenpaste mit den gehackten Oreganoblättchen und etwas Olivenöl vermischen.

**2** Großzügig auf die gerösteten Baguettescheiben streichen und mit Olivenscheiben dekorieren.

## Champignons und Kapern

**1** Champignons, Knoblauch und Kapern fein hacken. Die Butter schmelzen. Champignons, Knoblauch und Kapern darin unter Rühren 5 Minuten dünsten. Salzen und pfeffern.

**2** Auf die gerösteten Baguettescheiben geben.

# *Bruschetta*-Variationen

Für 4 Stück • Als Basis jeweils 4 Scheiben geröstetes Baguettebrot
(Seite 32/33)

1 kleines Bund
Minze, Blätter
abgezupft

1 Jalapeño-
Chilischote (oder
andere mittel-
scharfe Chili)

Etwas
Zitronen-
saft

1 EL Limettensaft

150 g frisches
Thunfischfilet

Mozzarella

1 TL frisch gemahlener
schwarzer Pfeffer

## Mozzarella, Minze und Chili

**1** Im Mörser oder Blitzhacker die Minz-
blätter mit der klein gehackten Chili
pürieren. 3 Esslöffel Olivenöl und etwas
Zitronensaft unterrühren.

**2** Die gerösteten Baguettescheiben mit
Mozzarella belegen und mit der Minz-
Chili-Sauce überziehen.

## Thunfisch-Carpaccio mit Limette

**1** Eine Pfanne leer erhitzen. Den Thunfisch im Pfeffer wenden. Auf jeder Seite
10 Sekunden anbraten, herausnehmen
und in sehr dünne Scheiben schneiden.

**2** Den Limettensaft mit ½ Esslöffel Olivenöl
aufschlagen.

**3** Die Thunfischscheiben auf die gerösteten
Baguettescheiben legen, mit Sauce überziehen, mit gehackten Kräutern bestreuen.

1 TL trockener Sherry

1 EL Crème fraîche

70 g Schwarz-kohlblätter (Palmkohl, Cavolo nero)

Ricotta

100 g Butter

½ rote Chilischote

2 Knoblauchzehen, geschält

250 g Geflügellebern

## Schwarzkohl und Knoblauch

**1** Die Kohlblätter fein schneiden und in einer Pfanne in 3 Esslöffeln Olivenöl 2 Minuten braten. Chili und Knoblauch fein hacken und dazugeben. Kräftig salzen und pfeffern und 5 Minuten auf kleiner Hitze weiterbraten.

**2** Geröstete Baguettescheiben mit Ricotta bestreichen und mit dem gedünsteten Schwarzkohl belegen.

## Geflügelleberpâté

**1** Die Geflügelleber in 1 Esslöffel Butter 3 Minuten anbraten. Mit der restlichen Butter, Crème fraîche, Salz und Pfeffer mixen. Den Sherry unterrühren und abschmecken. 30 Minuten kühl stellen.

**2** Geröstete Baguettescheiben großzügig damit bestreichen.

**37**

# *Fischfrikadellen* mit Chilisauce

Ergibt 12 Stück • Zubereitung: 10 Minuten
• Küchenutensilien: Küchenmaschine,
Pfanne mit dickem Boden

4 Frühlingszwiebeln

300 g weißes Fischfilet
(z. B. Kabeljau oder
Schellfisch)

1 EL grüne
Thai-Currypaste

Milde Chilisauce
(Sweet Chili Sauce)
zum Dippen

Limettenschnitze

**1** Das Fischfilet und die Frühlingszwiebeln grob hacken und zusammen mit der Currypaste in der Küchenmaschine (Blitzhacker) zu einer fast homogenen Masse mixen. Aus der Masse Frikadellen formen.

**2** Eine Pfanne erhitzen. 2 Esslöffel Pflanzenöl in die Pfanne geben und die Frikadellen bei mittlerer bis starker Hitze auf jeder Seite 2 Minuten goldbraun braten. Mit der Chilisauce und den Limettenschnitzen servieren.

# Karamellisierte *Chorizo* mit weißen Bohnen

Für 2 Personen als Vorspeise • Zubereitung: 8 Minuten
• Küchenutensilien: Pfanne, Sieb

250 g Chorizo

2 EL Honig

400 g Cannelini-
bohnen, gespült,
abgetropft

1 EL Sherryessig

**1** Die Chorizo häuten und in 1 cm dicke Scheiben schneiden. In einer Pfanne 1 Esslöffel Olivenöl erhitzen und die Chorizoscheiben auf mittlerer bis starker Hitze 4 Minuten knusprig braten. Sherryessig und Honig hinzufügen und umrühren, bis die Flüssigkeit zu kochen beginnt.

**2** Die Temperatur reduzieren, die Bohnen in die Pfanne geben und unter Umrühren erwärmen. Salzen und pfeffern.

# Frittata mit Nudeln
# und *Zucchini*

Für 4 Personen • Zubereitung: 10 Minuten • Küchenutensilien:
Schüssel, beschichtete Pfanne von 20 cm Durchmesser,
großer Teller, Käsereibe

150 g frische Reisnudeln (oder
ein Rest anderer Nudeln)

1 kleine Zucchini
(ca. 120 g)

50 g Hartkäse

3 Eier

**1** Die Eier in eine Schüssel aufschlagen. Den Käse direkt zu den Eiern reiben.

**2** Die Zucchini in dünne Scheiben schneiden. In einer Pfanne 2 Esslöffel Olivenöl erhitzen und die Zucchini darin 2 Minuten weich dünsten. Die Nudeln hinzufügen und 1 Minute erhitzen. Zur Ei-Käse-Mischung geben und gut vermischen.

**3** Die Pfanne ausreiben, 2 Esslöffel Olivenöl hineingeben, die Frittata-Mischung in die Pfanne geben und auf mittlerer Hitze braten, bis die Unterseite goldbraun ist und die Masse an der Oberseite zu stocken beginnt. Die Frittata auf einen Teller stürzen, wieder in die Pfanne gleiten lassen und auf der zweiten Seite noch etwa 1 Minute braten. Sofort servieren.

# Lauwarmer *Ziegenkäse* mit Honig

Für 2–4 Personen • Zubereitung: 5 Minuten • Küchenutensilien: Pfanne, kleine Schüssel, Spatel, Küchenpapier

4 EL Honig

1 Ei

2–3 EL Mehl

4 EL Pinienkerne

200 g fester Ziegenfrischkäse

**1** Den Ziegenkäse in 1 cm dicke Scheiben schneiden und im Mehl wenden. Das überschüssige Mehl abschütteln. Das Ei in einer kleinen Schüssel leicht verquirlen.

**2** In einer Pfanne 1 Esslöffel Olivenöl sehr heiß erhitzen. Die Ziegenkäsescheiben im Ei wenden und in der Pfanne auf jeder Seite 1 Minute knusprig braten. Auf Küchenpapier abtropfen lassen. Mit Honig beträufelt und mit Pinienkernen bestreut sofort servieren.

# Gegrillter *Halloumi*

Für 2 Personen • Zubereitung: 6 Minuten • Küchenutensilien: große Pfanne, kleine Schale, Küchenpinsel

2 kleine Ciabattabrote

250 g Halloumi (Grillkäse)

1 EL Harissa (scharfe Gewürz- paste)

2 reife Roma- Tomaten

**1** Harissa mit 1 Esslöffel Olivenöl verrühren. Die Tomaten längs halbieren, den Grillkäse in 8 Scheiben schneiden.

**2** In einer Pfanne 2 Esslöffel Olivenöl erhitzen. Die Käsescheiben mit der Harissa-Mischung bestreichen und in die Pfanne geben. Die Tomaten mit der Schnittfläche nach unten in die Pfanne geben. 1–2 Minuten braten, bis der Käse auf beiden Seiten goldbraun ist und zu schmelzen beginnt.

**3** Die Ciabattabrote aufschneiden und jeweils mit 4 Scheiben Käse und 2 Tomatenhälften belegen. Nach Belieben mit Petersilie garnieren. Wer mag, gibt noch etwas Mayonnaise dazu.

# *Zucchini*-Feta-Küchlein

Für 4 Personen • Zubereitung: 10 Minuten • Küchenutensilien: große Pfanne mit dickem Boden, Käsereibe, sauberes Küchentuch, Schüssel

1½ EL Mehl

1 kleine Handvoll Minzeblätter

50 g Feta

1 kleine Zucchini (ca. 130 g)

**1** Die Zucchini reiben, in ein sauberes Küchentuch wickeln und überschüssiges Wasser auspressen. Die Minze fein hacken. Zucchini, Minze, Mehl, Salz und Pfeffer in einer Schüssel vermischen. Den Feta direkt in die Schüssel bröseln und alles von Hand vermischen. 4 feste Küchlein formen.

**2** Eine Pfanne auf mittlerer bis starker Temperatur leer erhitzen. 2 Esslöffel Olivenöl in die Pfanne geben und die Küchlein auf beiden Seiten auf mittlerer bis starker Hitze goldbraun braten. Heiß, zusammen mit grünem Salat servieren.

# Würzige *Aubergine*

Für 2 Personen als Beilage • Zubereitung: 10 Minuten
• Küchenutensilien: Grillpfanne oder Grill, Knoblauchpresse,
kleine Schüssel, Küchenpinsel

1 Aubergine (ca. 250 g)

1 Knoblauch-
zehe, geschält

4 EL milde
Chilisauce
(Sweet Chili
Sauce)

**1** Die Knoblauchzehe in eine kleine Schüssel pressen. Chilisauce, 1 Esslöffel Olivenöl, Salz und Pfeffer hinzufügen und vermischen.

**2** Die Aubergine in etwa ½ cm dicke Scheiben schneiden. In der Grill-pfanne 2 Esslöffel Olivenöl stark erhitzen oder Grillplatte bzw. -rost vorheizen und einölen. Die Auberginenscheiben auf beiden Seiten mit der Chilisauce bestreichen. Auf jeder Seite 1–2 Minuten grillen, bis sie leicht gebräunt sind.

# *Lauchomelett* mit Ziegenkäse

Für 1 Person • Zubereitung: 5 Minuten • Küchenutensilien:
kleine beschichtete Pfanne, 2 kleine Schüsseln, Spatel

1 kleine Stange
Lauch

2 Eier

1 EL Butter

50 g Ziegenkäse,
zerbröckelt

**1** Den Lauch fein schneiden und in einer Pfanne in 2 Esslöffeln Olivenöl 2 Minuten weich dünsten. Salzen, pfeffern und in einer Schüssel beiseitestellen. Die Pfanne ausreiben.

**2** Die Eier in einer kleinen Schüssel verquirlen und nach Geschmack salzen und pfeffern. Die Butter in die Pfanne geben und auf mittlerer bis hoher Temperatur aufschäumen lassen. Die Eier hinzufügen und, ohne umzurühren, 25 Sekunden stocken lassen. Mit dem Spatel dem Rand entlangfahren, die Pfanne schräg halten, damit sich das noch flüssige Ei in der Pfanne verteilt. Wenn das Omelett fast fertig gebacken ist, den Lauch und den zerbröckelten Ziegenkäse auf eine Hälfte verteilen und die andere Hälfte darüberschlagen. Noch 30 Sekunden weiter erhitzen, dann auf einen Teller gleiten lassen. Sofort servieren, zusammen mit einem grünen Salat.

# *Tofu* mit südostasiatischer Sauce

Für 4 Personen • Zubereitung: 5 Minuten
• Küchenutensilien: kleine Schüssel, kleiner
Schneebesen oder Gabel, Reibe

3 cm Ingwer-
wurzel

350 g Seidentofu

4 EL Sojasauce

1 EL Zucker

2 TL Dashiflocken

**1** Sojasauce, Zucker, Dashiflocken und 2 Teelöffel kaltes Wasser
in eine kleine Schüssel geben und mit dem Schneebesen schlagen,
bis sich der Zucker aufgelöst hat.

**2** Den Tofu in sehr dünne Scheiben schneiden. Den Ingwer fein schneiden
oder reiben. Die Tofuscheiben mit Ingwer und der Sojasauce überziehen und servieren.

# Brot mit *Spargel* und Parmesan

Für 2 Personen • Zubereitung: 5 Minuten • Küchenutensilien: Käsereibe, Schüssel, Sparschäler

Etwas Zitronensaft

50 g Parmesan

6 grüne Spargel

2 Scheiben gutes Landbrot

**1** Den Parmesan sehr fein in eine Schüssel reiben. 2 Esslöffel Olivenöl und etwas Zitronensaft hinzufügen. Zu einer Paste verrühren.

**2** Die Spargel von holzigen Enden befreien und mit dem Sparschäler der Länge nach in feine Streifen schneiden.

**3** Die Parmesanpaste auf die Brotscheiben streichen und die Spargel-streifen darauf anrichten. Großzügig mit Pfeffer bestreuen.

# Variationen belegter *Brote*

Für 2 Personen • Als Basis jeweils 2 Scheiben Landbrot

130 g Erbsen
(tiefgekühlt)

Einige
Cornichons

4 EL grüne
Tapenade
(Olivenpaste)

2 EL Crème
fraîche

Einige
Scheiben
Parma-
schinken

Etwas Zitronen-
saft

### Tapenade und Parmaschinken

Die Brotscheiben mit Tapenade bestreichen.
Mit dünnen Scheiben Parmaschinken
und den in kleine Stücke oder Scheiben
geschnittenen Cornichons belegen.

### Erbsenpüree

1 Die Erbsen 3 Minuten in kochendem
Wasser garen. Abgießen.

2 Die Erbsen mit Crème fraîche, Zitronensaft und etwas Olivenöl vermischen und
zerdrücken. Salzen und pfeffern.

3 Die Brotscheiben mit dem Erbsenpüree
bestreichen. Nach Belieben mit frisch
gehackter Minze bestreuen.

1 kleine rote Zwiebel, geschält

3 EL Crème fraîche

1 EL Kapern

1 Apfel

2 TL Honig

2 EL Ricotta

200 g Thunfisch in Öl (150 g Abtropfgewicht), abgetropft

1½ EL Dijonsenf

## Thunfischpüree

**1** Die Kapern fein hacken, die Zwiebel fein reiben. Zusammen mit Thunfisch, Senf, Crème fraîche und 2 Esslöffeln Olivenöl in eine Schüssel geben. Mit einer Gabel fein zerdrücken, salzen und pfeffern.

**2** Die Brotscheiben damit bestreichen. Mit etwas Olivenöl beträufeln.

## Ricotta, Apfel und Honig

**1** Die Brotscheiben mit Ricotta bestreichen.

**2** Den Apfel schälen, entkernen und in dünne Scheiben schneiden. Auf dem Ricotta anrichten und mit Honig beträufeln.

# Variationen belegter *Brote*

Für 2 Personen • Als Basis jeweils 2 Scheiben Landbrot

1 Handvoll Radieschen

125 g Ziegen-frischkäse

Etwas Zitronen-saft

1 Knoblauch-zehe

1 EL Schnittlauch, fein gehackt

Kerne-mischung

100 g Hummus

2 EL fein abgeriebene Zitronenschale und ½ EL Zitronensaft

Korianderblätter

## Ziegenkäse, Schnittlauch, Radieschen

**1** Den Ziegenkäse mit Zitronensaft, Schnitt-lauch, gepresstem Knoblauch und frisch gemahlenem Pfeffer vermischen.

**2** Die Brotscheiben damit bestreichen und mit ganz dünn geschnittenen Radieschen-scheiben belegen. Mit wenig Fleur de Sel bestreuen.

## Zitronenhummus und Koriander

**1** Den Hummus mit der Zitronenschale vermischen.

**2** Die Brotscheiben damit bestreichen. Mit Kernen und Korianderblättchen gar-nieren.

125 g Cannellini-
bohnen aus der
Dose, abgetropft

4 EL griechischer
Joghurt

Etwas
Zitronensaft

1 Handvoll
Kapern

Einige Scheiben
Räucherlachs

1 EL
gehackter
Dill

1 Knoblauchzehe,
geschält

Einige Scheiben
Chorizo

1 EL Quark

## Bohnenpüree und Chorizo

1  Die Bohnen mit Knoblauch, Joghurt
   und 1 Esslöffel Olivenöl cremig pürieren.
   Großzügig salzen und pfeffern.

2  Die Brotscheiben damit bestreichen und
   mit Chorizoscheiben belegen.

## Quark, Räucherlachs und Dill

1  Den Quark mit dem Dill vermischen.

2  Die Brotscheiben damit bestreichen.
   Mit Räucherlachs und Kapern belegen,
   mit Zitronensaft beträufeln.

# KAPITEL 2

# Suppen & Salate

# Gemüse-Carpaccio
# mit Zitrone

Für 2 Personen als Vorspeise • Zubereitung 10 Minuten
• Küchenutensilien: Gemüsehobel, Sparschäler

1 Die Radieschen und die Fenchelknolle putzen und mit dem Gemüsehobel in sehr dünne Scheiben schneiden. Die Spargelstangen mit dem
Sparschäler in dünne Streifen schneiden.

2 Den Zitronensaft mit 1 Esslöffel Olivenöl, Salz und Pfeffer verquirlen.

3 Das Gemüse auf Tellern anrichten und mit der Sauce beträufeln.

1 Fenchel-
knolle

6–8 Spargel

80 g Radieschen

1 EL Zitronensaft

# *Rote-Bete*-Salat mit Ziegenkäse

Für 2 Personen als Vorspeise oder Beilage • Zubereitung 5 Minuten
• Küchenutensilien: Schneebesen, kleine Schüssel

100 g Ziegenfrischkäse

4 kleine gekochte
Rote Beten (Randen)

1 EL Zitronen-
saft

2–3 Zweige
Thymian, Blätter
abgezupft

**1** Den Zitronensaft mit 2 Esslöffeln Olivenöl, zwei Drittel der Thymianblättchen, Salz und Pfeffer verquirlen.

**2** Die Roten Beten vierteln, mit zwei Drittel der Sauce vermischen
und anrichten.

**3** Den Ziegenfrischkäse grob darüberbröckeln und mit der restlichen
Sauce beträufeln. Großzügig salzen und pfeffern. Mit den restlichen
Thymianblättchen bestreuen.

# Brokkolisalat

Für 4 Personen als Beilage • Zubereitung: 10 Minuten
• Küchenutensilien: Wasserkocher, Kochtopf, Schüssel mit Wasser
und Eiswürfeln gefüllt, kleine Schüssel und Salatschüssel

2 EL Reisessig

2 EL Limetten-saft

1 Prise Dashiflocken oder Dashipulver

300 g Brokkoli

1 EL Sojasauce

**1** Wasser im Wasserkocher aufkochen. Den Brokkoli in kleine Röschen zerteilen. Das kochende Wasser in den Kochtopf gießen, salzen und die Brokkoliröschen 2 Minuten darin blanchieren. Abgießen und in das Eiswasser geben (dadurch wird der Garprozess gestoppt und die schöne grüne Farbe bleibt erhalten).

**2** In einer kleinen Schüssel Sojasauce, Reisessig, Limettensaft und Dashiflocken oder -pulver vermischen. Etwas kaltes Wasser hinzufügen.

**3** Den Brokkoli abgießen, in eine Salatschüssel geben und gut mit der Sauce vermischen. Nach Geschmack mit Salz und Pfeffer abschmecken.

# Lauwarmer *Getreidesalat* mit Radicchio

Für 2 Personen • Zubereitung: 10 Minuten • Küchenutensilien: Wasserkocher, 2 kleine Schüsseln, große Pfanne

250 g gekochtes Getreide (z. B. Dinkel, Quinoa oder Getreidemischung)

1 EL Zitronensaft sowie etwas Zitronensaft zum Würzen

150 g Radicchio oder roter Chicoree

60 g getrocknete Cranberrys, Kirschen oder Rosinen

½ TL Dijonsenf

**1** Wasser im Wasserkocher aufkochen. Den Radicchio grob zerteilen.

**2** In einer kleinen Schüssel den Zitronensaft mit Senf und 2 Esslöffeln Olivenöl, Salz und Pfeffer verquirlen.

**3** Die Trockenfrüchte in einer zweiten Schüssel mit kochendem Wasser übergießen und beiseitestellen.

**4** In einer Pfanne 2 Esslöffel Olivenöl erhitzen. Die Getreidekörner und den Radicchio darin auf kleiner Hitze erwärmen. Von der Herdplatte nehmen.

**5** Die Trockenfrüchte abtropfen lassen und in die Pfanne geben. Die Sauce hinzufügen, mit Fleur de Sel bestreuen und mit Zitronensaft beträufeln.

71

# *Chicoréesalat* mit Speck

Für 2 Personen • Zubereitung: 6 Minuten • Küchenutensilien:
kleine Pfanne, Salatschüssel

150 g Chicorée

60 g Speck, in
Stifte oder Würfel
geschnitten

2 EL Rotweinessig

1 TL Dijonsenf

30 g Cornichons

**1** Die Cornichons klein schneiden. Die Chicoréeblätter vom Strunk lösen.

**2** In einer Salatschüssel 3 Esslöffel Olivenöl mit Senf, Salz und Pfeffer verrühren. Cornichons und Chicoreeblätter in die Schüssel geben, aber nicht vermischen.

**3** Eine Pfanne leer sehr stark erhitzen. Die Speckstifte mit 1 Tropfen Olivenöl darin 3 Minuten knusprig anbraten. Den Essig in die Pfanne gießen und 30 Sekunden aufkochen lassen. Den Speck zusammen mit dem Kochjus über den Salat geben und gut vermischen.

# *Fattoush*-Salat

Für 2 Personen • Zubereitung: 8 Minuten • Küchenutensilien: Salatschüssel

1 kleine
Salatgurke
(ca. 150 g)

2 reife Tomaten

1 Pitabrot oder
Weizentortilla

1 EL Zitronen-
saft

1 TL Sumach
(leicht säuer-
lich-fruchtiges
Gewürz aus
der arabischen
Küche)

1 Pitabrot oder Tortilla unter dem vorgeheizten Backofengrill oder im
Toaster goldbraun und knusprig rösten.

2 In der Salatschüssel den Zitronensaft mit 1 Esslöffel Olivenöl, Salz
und Pfeffer verrühren.

3 Tomaten und Gurke in Würfel, das Brot in Stücke schneiden. Alles
in die Salatschüssel geben, mit Sumach bestreuen, abschmecken und
vorsichtig vermischen.

# *Spinat*-Feigen-Salat

Für 2 Personen • Zubereitung: 5 Minuten • Küchenutensilien: Salatschüssel

60 g junge Spinatblätter

1½ TL Harissa (scharfe Gewürzpaste)

1 EL Zitronensaft

4 frische Feigen

**1** Harissa mit Zitronensaft, 1½ Esslöffeln Olivenöl und 1 Esslöffel kaltem Wasser verrühren. Nach Geschmack salzen und pfeffern.

**2** Die Feigen der Länge nach vierteln, mit den Spinatblättern in die Salatschüssel geben und vorsichtig mischen, bis die Spinatblätter gut mit der Sauce überzogen sind.

**3** Anrichten.

# Kräutersalat

Für 2 Personen als Vorspeise oder Beilage • Zubereitung: 3 Minuten
• Küchenutensilien: Salatschüssel

Walnüsse, grob
zerkleinert

Etwas
Zitronen-
saft

30 g gemischte Kräuter
und/oder junge Salat-
blätter, zum Beispiel
glatte Petersilie, Minze,
Basilikum, Shiso, Rucola,
Koriander, Erbsensprossen
und Radieschenblätter

Walnussöl

**1** Die Kräuter und/oder jungen Salatblätter mit den Walnüssen in einer Salatschüssel vermischen. Walnussöl und Zitronensaft darüberträufeln. Salzen, pfeffern und vorsichtig vermischen.

**2** Vor dem Servieren mit einigen gehackten Walnüssen bestreuen.

# Tomaten-Mozzarella-Salat mit Basilikum

Für 2 Personen als Hauptgericht (oder für 4 Personen als Vorspeise)
• Zubereitung: 3 Minuten

3 reife Tomaten (möglichst verschiedene, alte Sorten)

2 Kugeln Mozzarella

10 Basilikumblättchen

**1** Die Tomaten in dünne Scheiben schneiden, den Mozzarella in Scheiben schneiden. Auf einer Servierplatte oder Tellern anrichten.

**2** Mit Fleur de Sel und frisch gemahlenem Pfeffer sowie Basilikumblättchen bestreuen. Vor dem Servieren mit etwas Olivenöl beträufeln.

# Variationen des *Tomaten-Mozzarella*-Salats

Für 2 Personen als Hauptspeise (oder für 4 Personen als Vorspeise) • Als Basis dient jeweils das Rezept des Tomaten-Mozzarella-Salats auf Seite 80/81, von dem einige Zutaten übernommen, andere variiert werden.

3 EL Olivenöl extra vergine

1 EL Balsamico-essig

4 frische Feigen

6 Scheiben Parmaschinken

9 feine grüne Spargel

## Feigen und Parmaschinken

**1** Die Feigen längs halbieren, den Mozzarella in Scheiben schneiden. Beides zusammen mit den Rohschinkenscheiben und den Basilikumblättchen auf einer Servierplatte oder Tellern anrichten.

**2** Das Olivenöl kräftig mit dem Balsamicoessig verrühren und darüber verteilen.

## Mit Spargel

**1** Den Tomaten-Mozzarella-Salat wie auf Seite 81/82 zubereiten.

**2** Eine Grillpfanne erhitzen. Die Spargelstangen putzen, mit etwas Olivenöl vermischen und unter regelmäßigem Wenden 4–6 Minuten grillen, bis sie weich sind.

**3** Auf dem Tomaten-Mozzarella-Salat anrichten und mit Olivenöl beträufeln.

1 EL Kapern

3 Sardellenfilets

1 reife Avocado

1 Handvoll Blättchen von jungen Erbsensprossen (ersatzweise Portulak oder Kresse)

½ Knoblauchzehe, geschält

## Mit Sardellen und Kapern

**1** Den Tomaten-Mozzarella-Salat wie auf Seite 81/82 zubereiten, aber ohne Basilikum.

**2** Sardellenfilets, Knoblauch und Kapern fein hacken. Mit 4 Esslöffeln Olivenöl vermischen und über den Salat verteilen.

## Avocado und junges Grün

**1** Den Tomaten-Mozzarella-Salat wie auf Seite 81/82 zubereiten, aber ohne Basilikum.

**2** Stattdessen in Scheiben geschnittene Avocado und Erbsenblättchen oder anderes zartes Grün dazugeben.

# Gemüse
## mit Remouladensauce

Für 2 Personen • Zubereitung: 10 Minuten
• Küchenutensilien: Gemüsehobel oder Küchenmaschine
mit Reibe, Salatschüssel

2 große Karotten

2 EL Crème fraîche

200 g rohe Rote Beten (Randen)

2 TL Zatar (Gewürzmischung aus der arabischen Küche)

2 EL Mayonnaise

1 Karotten und Rote Beten schälen und mit dem Gemüsehobel oder der Küchenmaschine in Streifen hobeln.

2 Die Gemüsestreifen mit der Mayonnaise, der Crème fraîche und der Gewürzmischung in eine Salatschüssel geben und gründlich vermischen. Großzügig salzen und pfeffern.

3 Sofort servieren oder kühl stellen, damit sich das Aroma besser entfalten kann.

# Kichererbsensalat

Für 2 Personen • Zubereitung: 5 Minuten • Küchenutensilien: Salatschüssel, Sieb

1 rote Zwiebel, geschält

1 kleines Bund Petersilie

400 g Kichererbsen aus der Dose, gespült, gründlich abgetropft

½–1 TL gemahlener Kreuzkümmel

1 EL Zitronensaft

**1** Die Zwiebel fein hacken. In einer Schüssel mit dem Zitronensaft und 1 kräftigen Prise Salz vermischen. Die Petersilienblättchen grob hacken und hinzufügen.

**2** Die Kichererbsen in die Schüssel geben. Nach Geschmack mit Kreuzkümmel, frisch gemahlenem schwarzem Pfeffer und 1 Esslöffel Olivenöl würzen. Falls nötig nochmals mit Salz, Pfeffer und Zitronensaft abschmecken.

# Frühlings-*Couscous*

Für 4 Personen als Beilage • Zubereitung: 10 Minuten
• Küchenutensilien: Wasserkocher, hitzebeständige
große Schüssel

100 g Feta-
käse

1–2 EL Zitronensaft

150 g Couscousgrieß

100 g Erbsen
(tiefgekühlt)

1 Bund Minze

**1** Im Wasserkocher ½ Liter Wasser aufkochen. Die Minzeblätter fein hacken, den Feta klein würfeln.

**2** Den Couscous in eine Schüssel geben, das kochende Wasser und die tiefgekühlten Erbsen hinzufügen. Vermischen, mit Frischhaltefolie abdecken und 5 Minuten beiseitestellen.

**3** 1 Esslöffel Olivenöl, 1 Esslöffel Zitronensaft, die gehackte Minze, Salz und Pfeffer hinzufügen und mit einer Gabel vermischen. Falls nötig nochmals mit Zitronensaft, Salz und Pfeffer abschmecken. Mit Fetakäse bestreuen und servieren.

# Gegrillte *Salatherzen* mit Dukkah

Für 2 Personen • Zubereitung: 10 Minuten
• Küchenutensilien: Grillpfanne oder Pfanne mit dickem Boden,
Knoblauchpresse, Küchenpinsel

75 g Kirschtomaten

2 Salatherzen

2 EL Dukkah (Gewürz-
mischung aus Mandeln,
Haselnüssen, Kreuz-
kümmel und Koriander)

1 Knob-
lauchzehe,
geschält

1 EL Zitronensaft

**1** Den Knoblauch pressen und mit 3 Esslöffeln Olivenöl, Zitronensaft, Salz und Pfeffer vermischen.

**2** Eine Grillpfanne oder Pfanne mit schwerem Boden stark erhitzen. Die Salatherzen der Länge nach halbieren, die Schnittfläche in die Vinaigrette tauchen und zuerst 2 Minuten auf der Schnittfläche, dann 2 Minuten auf der anderen Seite grillen. Die Salatherzen auf eine Servierplatte oder Teller legen.

**3** Die Tomaten halbieren, auf und neben die Salatherzen verteilen. Mit der restlichen Vinaigrette beträufeln, mit Dukkah bestreuen und servieren.

# *Burrata* mit gegrillten Pfirsichen

Für 4 Personen • Zubereitung: 10 Minuten • Küchenutensilien: mit Alufolie belegtes Backblech

4 reife
Pfirsiche

1 Handvoll
Rucola

2 Kugeln Burrata
à 200 g

1 EL Balsamicoessig

**1** Den Backofengrill auf höchster Stufe vorheizen.

**2** Die Pfirsiche halbieren, entsteinen, jede Hälfte in 2 Scheiben schneiden und auf das Backblech legen. Unter dem Backofengrill auf jeder Seite 2 Minuten grillen.

**3** Den Balsamicoessig mit 3 Esslöffeln Olivenöl, Salz und Pfeffer vermischen.

**4** Die Burrata in Scheiben schneiden oder grob zerteilen. Mit den gegrillten Pfirsichen auf einer Servierplatte oder Tellern anrichten. Den Rucola hinzufügen und mit der Vinaigrette beträufeln. Sofort servieren.

# Variationen mit *Burrata*

Für 2 Personen • Als Basis dient jeweils das Rezept auf Seite 92/93, von dem einige Zutaten übernommen, andere variiert werden.

← 2 EL Orangensaft

2 gehäufte Ess-
löffel gehackte
Korianderblätter

100 g Spargel,
geputzt

2 EL Butter

2 Knoblauch-
zehen, geschäl

1½ EL Koriander-
körner

## Mit Orange und Koriander

**1** Die Korianderkörner ohne Fett in einer Pfanne 2 Minuten rösten, dann im Mörser zerstoßen.

**2** Die Korianderblätter mit Orangensaft und 2 Esslöffeln Olivenöl verrühren. Den zerstoßenen Koriander dazugben.

**3** Die Burrata aufschneiden oder zerteilen und mit der Sauce überziehen.

## Mit Spargel und Knoblauchbutter

**1** Den Knoblauch fein hacken.

**2** In einer Pfanne 1 Esslöffel Olivenöl erhit-zen und die Spargel darin auf großer Hitze 2–3 Minuten anbraten. Die Temperatur reduzieren, Knoblauch und Butter hinzu-fügen und noch 1 Minute braten.

**3** Die Burrata zerteilen, mit Spargeln und Sauce anrichten.

## Mit Bohnenkernen und Minze

**1** Die Bohnenkerne 4 Minuten in sprudelndem Salzwasser weich garen.

**2** Die Minzeblätter hacken. Mit 3 Esslöffeln Olivenöl, Zitronensaft, Salz und Pfeffer vermischen.

**3** Die Bohnenkerne abgießen, unter kaltem Wasser abspülen und mit der Sauce vermischen.

**4** Die Burrata zerteilen, mit den Bohnenkernen und der Sauce vermengen.

100 g frische grüne Bohnenkerne (tiefgekühlt)

1 EL Zitronensaft

30 g Paniermehl (Semmelbrösel)

2 EL gehackte Oreganoblättchen

2 TL fein abgeriebene Zitronenschale

10 Minzeblättchen

2 Knoblauchzehen, geschält

## Mit Oreganobröseln

**1** In einer Pfanne 1 Esslöffel Olivenöl erhitzen. Das Paniermehl und den gepressten Knoblauch darin auf mittlerer Hitze 2 Minuten goldbraun braten. In eine Schüssel geben, die gehackten Oreganoblättchen und die Zitronenschale hinzufügen.

**2** Die Burrata zerteilen. Mit der Bröselmischung bestreuen und mit Olivenöl beträufeln.

# Suppe aus gerösteten *Paprika*

Für 2 Personen • Zubereitung: 10 Minuten • Küchenutensilien:
Pfanne mit dickem Boden, Wasserkocher, Mixer

250 g geröstete Paprikaschoten
aus der Dose (Abtropfgewicht)
+ 2 EL des Einlegeöls

1 Zwiebel, geschält

5 Basilikum-
blätter

2 Knoblauch-
zehen, geschält

Brühwürfel oder
gekörnte Brühe
für 400 ml Gemüse-
brühe

1  Zwiebel und Knoblauch grob hacken. Das Einlegeöl von den Paprikaschoten in einer Pfanne erhitzen. Zwiebel und Knoblauch darin auf
   kleiner Hitze 5 Minuten dünsten. Die Paprikaschoten grob zerkleinern.
   In die Pfanne geben und vermischen.

2  Inzwischen im Wasserkocher 400 ml Wasser aufkochen. Das kochende
   Wasser in die Pfanne gießen, Brühwürfel oder gekörnte Brühe dazugeben.
   Vermischen, salzen und pfeffern.

3  Den gesamten Pfanneninhalt in den Mixer geben, das Basilikum beifügen
   und mixen, bis die gewünschte Konsistenz erreicht ist. Eventuell noch
   etwas kochendes Wasser, Salz oder Pfeffer hinzufügen. Die Suppe heiß
   oder kalt servieren.

# Scharfe *Rinderbouillon*

Für 2 Personen • Zubereitung: 10 Minuten • Küchenutensilien:
Wasserkocher, Grillpfanne, Kochtopf

Brühwürfel oder
gekörnte Brühe für
500 ml Rinderbrühe

Sriracha-Sauce
oder eine andere
scharfe Chilisauce

120 g frische
oder getrocknete
Eiernudeln

250 g Rindfleisch
(Bauchlappen
oder Hochrippe)

2 Frühlingszwiebeln

**1** Die Frühlingszwiebeln fein schneiden. Im Wasserkocher 500 ml Wasser aufkochen. Das kochende Wasser in den Kochtopf gießen, Brühwürfel oder gekörnte Brühe sowie Frühlingszwiebeln, Nudeln und Sriracha-Sauce hinzufügen. Umrühren und köcheln lassen.

**2** Das Fleisch mit etwas Pflanzenöl einreiben und großzügig salzen und pfeffern.

**3** Eine Grillpfanne auf hoher Temperatur leer erhitzen. Das Fleisch 3–4 Minuten grillen, dabei alle 30 Sekunden wenden, bis es nach Ihrem Geschmack gebraten ist. Das Fleisch in Alufolie gewickelt ruhen lassen.

**4** Die Suppe in Suppenschalen füllen. Das Fleisch in Scheiben schneiden und dazugeben.

# *Misosuppe* mit Tofu

Für 2 Personen • Zubereitung: 6 Minuten • Küchenutensilien:
Wasserkocher, Kochtopf, kleine Schüssel

2 TL Dashiflocken
oder Dashipulver

100 g Seidentofu

2 EL Misopaste

2 Frühlingszwiebeln

**1** Die Frühlingszwiebeln fein schneiden. Den Tofu in 1 cm große Würfel schneiden.

**2** Im Wasserkocher 500 ml Wasser aufkochen. Das kochende Wasser in den Kochtopf gießen, die Dashiflocken dazugeben und auf mittlerer Hitze rühren, bis sich die Flocken auflösen. Die Frühlingszwiebeln und die Tofuwürfel in die Brühe geben und 1 Minute erhitzen.

**3** Die Misopaste in eine kleine Schüssel geben, 2 Esslöffel Brühe hinzufügen und gut verrühren. Zur Suppe geben, gut umrühren und sofort servieren.

# Erbsensuppe mit Schinken

Für 4 Personen • Zubereitung: 6 Minuten • Küchenutensilien: Wasserkocher, großer Kochtopf, Mixer

400 g Erbsen (tiefgekühlt)

3 TL Crème fraîche

100 g gekochter Schinken

Brühwürfel oder gekörnte Brühe für 600 ml Hühnerbrühe

**1** Im Wasserkocher 600 ml Wasser aufkochen, in einen Kochtopf gießen, Brühwürfel oder gekörnte Brühe sowie die Erbsen hinzufügen und 4 Minuten köcheln lassen.

**2** Den Schinken in Würfel schneiden.

**3** Den Topfinhalt in den Mixer füllen, die Hälfte des Schinkens dazugeben und zu einer cremigen Suppe mixen. Falls nötig mit etwas Wasser verdünnen.

**4** Die Suppe zurück in den Kochtopf füllen, die Crème fraîche einrühren und unter Rühren erhitzen. Mit Salz und Pfeffer abschmecken. In Suppenschalen füllen und mit dem restlichen Schinken bestreuen.

# Pikante *Bohnensuppe*

Für 2 Personen • Zubereitung: 5 Minuten • Küchenutensilien: Wasserkocher, Mixer, Kochtopf

400 g rote
Bohnen
aus der Dose

200 g stückige
Tomaten
aus der Dose

½ TL gemahlener
Kreuzkümmel

2 TL Jalapeño-Paste
oder 1 TL geräuchertes
Paprikapulver

Brühwürfel oder
gekörnte Brühe für
200 ml Rinderbrühe

**1** Im Wasserkocher 200 ml Wasser aufkochen.

**2** Alle Zutaten in den Mixer füllen, das kochende Wasser hinzufügen und mixen, bis eine cremige Suppe entstanden ist.

**3** In den Kochtopf umfüllen und auf mittlerer Temperatur erhitzen.

# Blumenkohlsuppe
## mit Garam Masala

Für 4 Personen • Zubereitung: 10 Minuten • Küchenutensilien:
Wasserkocher, Käsereibe, großer Kochtopf, Mixer

400 g Blumenkohl

Brühwürfel oder
gekörnte Brühe für
1 l Gemüsebrühe

3 EL Crème
fraîche

1 EL Garam Masala

**1** Im Wasserkocher 1 Liter Wasser aufkochen. Den Blumenkohl reiben.

**2** In einem Kochtopf 2 Esslöffel Olivenöl erhitzen, Blumenkohl und Garam Masala hinzufügen und auf mittlerer Hitze unter Rühren einige Minuten dünsten, bis der Blumenkohl weich ist, aber keine Farbe angenommen hat. Das kochende Wasser und Brühwürfel oder gekörnte Brühe dazugeben und verrühren. 5 Minuten köcheln lassen.

**3** Den Topfinhalt in den Mixer füllen und zu einer cremige Suppe mixen. Die Suppe wieder in den Kochtopf gießen, Crème fraîche, Salz und Pfeffer hinzufügen auf kleiner Hitze erwärmen.

# Weiße *Bohnensuppe*

Für 2 Personen • Zubereitung: 5 Minuten • Küchenutensilien:
Wasserkocher, Mixer, Kochtopf

2 EL Tahinipaste
(Sesampaste)

Brühwürfel
oder gekörnte
Brühe für 400 ml
Gemüsebrühe

2 Knoblauch-
zehen, gescha

800 g Cannellinibohnen
aus der Dose, gespült,
abgetropft + 2 EL Einlegeflüssigkeit aus der Dose

1 TL Ras el-Hanout
(nordafrikanische
Gewürzmischung)

1  Im Wasserkocher 400 ml Wasser aufkochen.

2  Die Bohnen mit dem kochenden Wasser, Brühwürfel oder gekörnter
   Brühe, Knoblauch, Tahinipaste, Ras el-Hanout, 2 Esslöffeln Olivenöl
   und 2 Esslöffeln Abtropfflüssigkeit mixen. Großzügig salzen und pfeffern.
   Falls die Suppe zu dick ist, mit etwas Wasser verdünnen.

3  Die Suppe in den Kochtopf umfüllen und auf mittlerer Hitze erwärmen.
   Abschmecken und sofort servieren.

# Cremige *Avocadosuppe*

Für 2 Personen als Hauptspeise (oder für 4 Personen als Vorspeise)
• Zubereitung: 5 Minuten • Küchenutensilien: Mixer

Tabasco

150 g Mais
aus der Dose

75 ml Limettensaft

2 reife
Avocados

240 ml Kokosmilch

**1** Das Avocadofruchtfleisch aus der Schale lösen und zusammen mit dem Mais, der Kokosmilch, Limettensaft, 400 ml kaltem Wasser, Tabasco nach Geschmack sowie reichlich Salz und Pfeffer in den Mixer geben. Mixen, bis eine cremige Suppe entstanden ist. Falls nötig die Suppe mit etwas Wasser verdünnen und nochmals abschmecken.

**2** Mit Eiswürfeln gekühlt servieren oder, falls genügend Zeit ist, im Kühlschrank durchkühlen lassen.

# *Tomaten*-Brotsuppe

Für 2–4 Personen • Zubereitung: 10 Minuten • Küchenutensilien: große Schüssel, kleine Schüssel, Mixer, Sieb

80 g altbackenes Brot

40 g geschälte Mandeln

2 Knoblauchzehen, geschält

Einige Scheiben Rohschinken (z. B. Serrano)

1 kg reife Tomaten

**1** Das Brot in Würfel schneiden, in eine kleine Schüssel geben und mit etwas kaltem Wasser übergießen.

**2** Tomaten und Knoblauch klein schneiden und zusammen mit den Mandeln im Mixer zu einer möglichst glatten cremigen Masse mixen. Durch ein Sieb in eine große Schüssel passieren, dabei mit einem Löffelrücken auspressen. Wieder in den Mixer geben und die Rückstände im Sieb wegwerfen.

**3** Das eingeweichte Brot, 1½ Esslöffel Olivenöl und ½ Teelöffel Fleur de Sel dazugeben und mixen. Falls nötig mit etwas Wasser verdünnen. Wenn genügend Zeit ist, die Suppe kühl stellen.

**4** Den Schinken fein hacken und vor dem Servieren auf die Suppe streuen.

# Gurkensuppe mit Minze

Für 2 Personen • Zubereitung: 8 Minuten • Küchenutensilien:
Pfanne, Mixer, 5 Eiswürfel + ein paar Eiswürfel zum Servieren

4 Frühlings-
zwiebeln

400 g Salat-
gurke

3 EL griechischer
Joghurt

5 Minze-
blätter

1 Knoblauchzehe,
geschält

**1** Die Gurke schälen und in Stücke schneiden. Frühlingszwiebeln und Knoblauch fein schneiden. In einer Pfanne 1–2 Esslöffel Olivenöl erhitzen. Gurkenstücke, Frühlingszwiebeln und Knoblauch darin etwa 2 Minuten weich dünsten. Mit Fleur de Sel und frisch gemahlenem schwarzem Pfeffer würzen.

**2** Den Pfanneninhalt in den Mixer füllen, die Minze und 5 Eiswürfel dazugeben und mixen, bis eine mehr oder weniger sämige Suppe entstanden ist. Den Joghurt dazugeben und nochmals mixen. Mit Eiswürfeln gekühlt servieren.

# Klassische *Gemüsesuppe*

Für 4 Personen • Zubereitung: 10 Minuten • Küchenutensilien: Wasserkocher, großer Kochtopf mit Deckel, Knoblauchpresse

1 Handvoll Shiitake-
pilze oder getrocknete
Steinpilze

Brühwürfel oder
gekörnte Brühe für
1½ l Gemüsebrühe

3 Knoblauchzehe
geschält

1 mittelgroße
Stange Lauch

2 mittelgroße
Karotten

**1** Im Wasserkocher 1½ Liter Wasser aufkochen.

**2** In einem Kochtopf auf mittlerer Hitze 2 Esslöffel Olivenöl erhitzen. Die Karotten schälen und klein würfeln. In den Kochtopf geben und um- rühren. Den Lauch fein schneiden und dazugeben. Die Knoblauch- zehen dazupressen. Alles 2 Minuten weiter dünsten.

**3** Das kochende Wasser in den Kochtopf gießen, Brühwürfel oder gekörnte Brühe und die Pilze hinzufügen. Umrühren und 5 Minuten köcheln lassen. Mit Salz und Pfeffer abschmecken.

# Variationen der klassischen
## *Gemüsesuppe*

Für 4 Personen • Als Basis dient das Rezept der klassischen
Gemüsesuppe auf Seite 116/117.

150 g Reisnudeln

1½ TL Harissa
(scharfe
Gewürzpaste)

### Pikant

Gleichzeitig mit Brühwürfel oder gekörnter
Brühe das Harissa in den Kochtopf geben.

### Mit Reisnudeln

Die Reisnudeln gleichzeitig mit Brühwürfel oder gekörnter Brühe dazugeben
und kochen, bis sie heiß und gar sind.

400 g schwarze oder weiße Bohnen, Borlotti- oder Rote Bohnen aus der Dose, abgetropft

2 EL geröstete Pinienkerne

2 EL fein gehackte Petersilie

Fein abgeriebene Schale von 1 Zitrone

## Mit Pinienkern-Gremolata

Die gehackte Petersilie mit der Zitronen-schale und den Pinienkernen vermischen und hacken. Die Suppe vor dem Servieren damit bestreuen.

## Mit Bohnen

Die Bohnen gleichzeitig mit den Pilzen in den Kochtopf geben. Kräftig abschmecken, die Bohnen verlangen nach mehr Würze.

# KAPITEL 3

# Pasta & Co.

# Klassische *Tomatensauce*

Für 4 Personen • Zubereitung: 10 Minuten • Küchenutensilien: Wasserkocher, großer Kochtopf, Pfanne mit dickem Boden, Knoblauchpresse, Schaumlöffel

400 g frische Penne

500 g Tomaten-Passata

1 Handvoll Basilikumblätter

2 Knoblauchzehen, geschält

**1** Wasser im Wasserkocher aufkochen. Das kochende Wasser in den Kochtopf gießen, die Penne hineingeben und nach Packungsangabe kochen. Abgießen, mit etwas Olivenöl vermischen und beiseitestellen.

**2** Inzwischen in einer Pfanne 2 Esslöffel Olivenöl erhitzen, den Knoblauch dazupressen und auf mittlerer Hitze andünsten, bis er leicht Farbe annimmt. Mit dem Schaumlöffel aus der Pfanne nehmen und wegwerfen. Die Tomaten-Passata in die Pfanne geben und köcheln lassen, damit sie leicht eingekocht ist. Salzen und großzügig pfeffern. Die Basilikumblätter fein schneiden und in die Sauce geben.

**3** Mit den abgetropften Penne vermischen und servieren.

# Variationen der *Tomatensauce*

Für 4 Personen • Als Basis dient das Rezept
der klassischen Tomatensauce auf Seite 122/123.

¼ TL Chiliflocken
(oder mehr, wenn
Sie mögen)

40 g schwarze
Oliven

4 Eier

1–2 TL Chipotle-Chilisauce, Sriracha-
Sauce oder eine andere pikante Sauce

4 Sardellenfilets,
in Öl eingelegt

## Huevos rancheros

**1** Die Tomatensauce ohne Basilikum
zubereiten. Die Chilisauce hinzufügen.

**2** Die Eier in die Pfanne aufschlagen und
2 Minuten auf mittlerer Hitze braten. Zugedeckt bei reduzierter Temperatur noch
1–2 Minuten weiterbraten und auf der
Tomatensauce anrichten.

## Chili, Oliven und Sardellen

**1** Die klassische Tomatensauce zubereiten.

**2** Die Sardellen fein hacken und gleichzeitig
mit dem Knoblauch hinzufügen. Dann
die Oliven hacken und zusammen mit den
Chiliflocken unterrühren. Einige Minuten
köcheln lassen und mit der Pasta
servieren.

1 rote Paprika

2 Zucchini

100 g geräucherter
Speck oder Chorizo

1 EL
gehackter
Thymian

2 Knoblauchzehen

## Einfache Ratatouille

Zucchini, Paprikaschote und Knoblauch fein
schneiden. In 2 Esslöffeln Olivenöl weich
dünsten. 500 g Tomaten-Passata hinzufügen
und wie im klassischen Rezept fortfahren,
den Knoblauch aber nicht herausnehmen.
Als Sauce zu Pasta oder als Beilage zu Fisch
servieren.

## Speck oder Chorizo

Speck oder Chorizo hacken und in etwas
Olivenöl anbraten, bis die Ränder knusprig
werden. Den Knoblauch dazugeben und
noch 1 Minute weiterbraten. 500 g Tomaten-
Passata, den gehackten Thymian, Salz
und Pfeffer hinzufügen. Einige Minuten
köcheln lassen und mit Pasta servieren.

# Spaghetti *carbonara*

Für 2 Personen • Zubereitung: 10 Minuten • Küchenutensilien:
Wasserkocher, Käsereibe, großer Kochtopf, Sieb, Pfanne, Schüssel

250 g frische Spaghetti
oder andere feine Nudeln

100 g geräucherter
Speck, in Streifen

50 g Parmesan +
Parmesan
zum Bestreuen

2 Eier + 1 Eigelb

**1** Wasser im Wasserkocher aufkochen.

**2** Den Parmesan in eine Schüssel reiben, die Eier und das Eigelb hinzufügen. Gut verrühren und pfeffern.

**3** Das kochende Wasser in den Kochtopf gießen, großzügig salzen und die Spaghetti nach Packungsangabe kochen. Die Spaghetti abgießen, dabei ein paar Esslöffel Kochwasser auffangen. Die Spaghetti mit etwas Olivenöl vermischen und beiseitestellen.

**4** Inzwischen in einer Pfanne den Speck in 1 Esslöffel Olivenöl anbraten, bis er an den Rändern knusprig wird. Die Spaghetti in die Pfanne geben, etwas Kochwasser zugießen und gut vermischen. Die Eimischung hinzufügen und auf sehr kleiner Hitze erwärmen, damit Eier und Kochwasser leicht einkochen und eine cremige Sauce entsteht. Sofort mit Parmesan bestreut servieren.

# Gnocchi mit *Avocadopesto*

Für 2 große Portionen • Zubereitung: 6 Minuten
• Küchenutensilien: Wasserkocher, Mixer oder Küchenmaschine,
großer Kochtopf, Sieb

1 reife Avocado

35 g Pinienkern

1 Handvoll
Basilikumblätter

1–2 Knoblauchzehen

400 g Gnocchi

**1** Wasser im Wasserkocher aufkochen.

**2** Die Knoblauchzehen, das ausgelöste Avocadofruchtfleisch, die Pinienkerne, das Basilikum, 1½ Esslöffel Olivenöl sowie Salz und Pfeffer
im Mixer oder in der Küchenmaschine (Blitzhacker) zu einem cremigen
Pesto pürieren.

**3** Das kochende Wasser in den Kochtopf gießen, großzügig salzen
und die Gnocchi darin nach Packungsangabe kochen, dann abgießen.
Mit dem Pesto vermischen, mit etwas Olivenöl beträufeln und
sofort servieren.

# Linguine mit *Zitrone* und Ricotta

Für 2 Personen • Zubereitung: 5 Minuten • Küchenutensilien:
Wasserkocher, Reibe, großer Kochtopf, Pfanne, Sieb

250 g frische
Linguine

1 Zitrone, fein ab-
geriebene Schale
und etwas Saft

150 g Ricotta

1 geschälte
Knoblauchzehe

1 kleine Handvoll
Basilikumblätter

**1** Wasser im Wasserkocher aufkochen. Das kochende Wasser in den Kochtopf gießen, großzügig salzen und die Linguine nach Packungsangabe garen. Dann abgießen, dabei einige Esslöffel Kochwasser auffangen und beiseitestellen. Die Linguine mit etwas Olivenöl vermischen und beiseitestellen.

**2** Während die Nudeln kochen, Zitronenschale, Ricotta und etwas Zitronensaft zu einer cremigen Sauce verrühren.

**3** Den Knoblauch fein schneiden. In einer Pfanne in 1 Esslöffel Olivenöl auf kleiner Hitze anbraten, bis er leicht goldbraun wird. Von der Herdplatte nehmen. Die Linguine hinzufügen und vorsichtig untermischen.

**4** Die Sauce und das beiseitegestellte Kochwasser unterrühren und auf mittlerer bis kleiner Hitze köcheln lassen, bis die Sauce leicht eindickt. Gut salzen und pfeffern. Mit fein geschnittenem Basilikum oder kleinen Basilikumblättchen bestreuen und sofort servieren.

# Spaghetti mit *Sardinen*, Pinienkernen und Rosinen

Für 2 Personen • Zubereitung: 10 Minuten • Küchenutensilien: Wasserkocher, Knoblauchpresse, Pfanne, großer Kochtopf, Sieb

500 g frische Spaghetti oder andere feine Nudeln

25 g Rosinen

2 Knoblauchzehen, geschält

25 g Pinienkerne

150 g Sardinen aus der Dose (Abtropfgewicht) + 2 EL Öl aus der Dose

**1** Wasser im Wasserkocher aufkochen. Das kochende Wasser in den Kochtopf gießen, großzügig salzen und die Spaghetti nach Packungsangabe kochen. Abgießen, dabei einige Esslöffel Kochwasser auffangen und beiseitestellen. Die Spaghetti mit etwas Olivenöl vermischen und beiseitestellen.

**2** Während die Spaghetti kochen, eine Pfanne auf mittlerer bis starker Hitze erhitzen. Das Öl aus der Sardinendose darin erhitzen, den Knoblauch dazupressen und anbraten. Die Sardinen in die Pfanne geben und mit einem Löffel zerkleinern. Die Temperatur zurückschalten. Pinienkerne und Rosinen hinzufügen und unter ständigem Rühren erhitzen.

**3** Die Spaghetti in die Pfanne geben und vorsichtig daruntermischen, dabei das beiseitegestellte Kochwasser einrühren. Sofort servieren.

# Spaghetti mit *Venusmuscheln* und Estragon

Für 2 Personen • Zubereitung: 10 Minuten • Küchenutensilien: Wasserkocher, 2 große Kochtöpfe (einer davon mit Deckel), Sieb

250 ml Weißwein

1 kg Venus-
muscheln

500 g frische
Spaghetti oder andere
feine Nudeln

3 Knoblauch-
zehen, geschält

2 EL Estragon-
blättchen

**1** Wasser im Wasserkocher aufkochen. Das kochende Wasser in den Kochtopf (ohne Deckel) gießen, großzügig salzen und die Spaghetti darin nach Packungsangabe kochen. Dann abgießen, mit etwas Olivenöl vermischen und beiseitestellen.

**2** Während die Spaghetti kochen, Knoblauch und Estragon fein schneiden. In einem zweiten Kochtopf (mit Deckel) 3 Esslöffel Olivenöl erhitzen und den Knoblauch darin braten. Venusmuscheln und Weißwein hinzufügen und zugedeckt etwa 4 Minuten kochen, dabei den Kochtopf ab und zu schütteln, damit sich alle Muscheln öffnen. Muscheln, die sich nicht öffnen, wegwerfen.

**3** Die Spaghetti und den Estragon zu den Muscheln in den Kochtopf geben, salzen, pfeffern und vorsichtig vermischen. Sofort servieren.

# Risoni-Bouillon mit *Schwarzkohl*

Für 4 Personen • Zubereitung: 10 Minuten • Küchenutensilien: Wasserkocher, großer Kochtopf mit dickem Boden

200 g Tomaten

Brühwürfel oder gekörnte Brühe für 750 ml

200 g Risoni (Orzo, Pasta in Reisform)

75 g Schwarzkohl (Palmkohl, Cavolo nero)

1 EL Tomatenmark

**1** 1 Liter Wasser im Wasserkocher erhitzen. Inzwischen den Kohl fein schneiden, die dicken und harten Stiele wegwerfen. Die Tomaten klein schneiden.

**2** 750 ml kochendes Wasser in den Kochtopf gießen und den Brühwürfel oder die gekörnte Brühe, Risoni, Kohl, Tomaten und Tomatenmark hinzufügen. Großzügig salzen und pfeffern. 7–8 Minuten leicht sprudelnd kochen lassen, dabei immer wieder umrühren, damit die Nudeln nicht zusammenkleben. Wenn die Suppe zu dickflüssig ist, noch etwas Wasser nachgießen. Vor dem Servieren falls nötig nochmals mit Salz und Pfeffer abschmecken.

# Fettuccine mit Sauce *Alfredo*

Für 2 Personen • Zubereitung: 6 Minuten
• Küchenutensilien: Wasserkocher, ein mittelgroßer und ein großer
Kochtopf, Sieb, Reibe

200 ml Crème fraîche

40 g Butter

80 g Parmesan

250 g frische
Fettuccine

**1** Wasser im Wasserkocher aufkochen. Das kochende Wasser in einen großen Kochtopf gießen, großzügig salzen und die Fettuccine darin nach Packungsangabe kochen. Dann die Fettucine abgießen, mit etwas Olivenöl vermischen und beiseitestellen.

**2** Inzwischen in einem mittelgroßen Kochtopf Butter und Crème fraîche auf mittlerer bis kleiner Hitze schmelzen lassen. Umrühren und von der Herdplatte nehmen. Den Parmesan direkt in die Sauce reiben. Auf kleiner Hitze erwärmen, bis er geschmolzen ist. Salzen und pfeffern.

**3** Die Fettuccine mit der Sauce vermischen und sofort servieren.

# Variationen der Sauce *Alfredo*

Für 2 Personen • Als Basis dient das Rezept
für die Sauce Alfredo auf Seite 138/139.

200 g weiße
Champignons

260 g Erbsen
(tiefgekühlt)

75 g Speck-
streifen oder
-würfel

50 g Butter

2 Knoblauchzehen,
geschält

## Mit Champignons

1 Die Sauce wie angegeben zubereiten.

2 Die Champignons fein schneiden und
zusammen mit dem gepressten Knoblauch in der Butter ungefähr 3 Minuten
anbraten, bis sie weich sind. Salzen
und pfeffern, dann zur Sauce geben.

## Mit Speck und Erbsen

1 Die Sauce wie angegeben zubereiten,
dann die Erbsen hinzufügen. Auf kleiner
Hitze unter Umrühren kochen, bis die
Erbsen gar sind.

2 Den Speck knusprig braten und zur Sauce
geben.

300 g Räucherlachs

80 g junge
Spinatblätter

1 EL
gehackter
Dill

## Mit Räucherlachs

**1** Die Sauce wie angegeben zubereiten.

**2** Den klein geschnittenen Räucherlachs
und den Dill hinzufügen und vermischen.
Salzen und pfeffern.

## Mit Spinat

**1** Die Sauce Alfredo wie angegeben
zubereiten.

**2** Die grob gehackten Spinatblätter hinzufügen und auf kleiner Hitze 1–2 Minuten
unter Umrühren garen, bis die Spinatblätter zusammenfallen. Nach Belieben
mit 1 Prise geriebener Muskatnuss
würzen.

# Pasta mit *Paprika* und Ziegenkäse

Für 4 Personen • Zubereitung: 8 Minuten • Küchenutensilien:
Wasserkocher, großer Kochtopf, Sieb, Pfanne, Knoblauchpresse

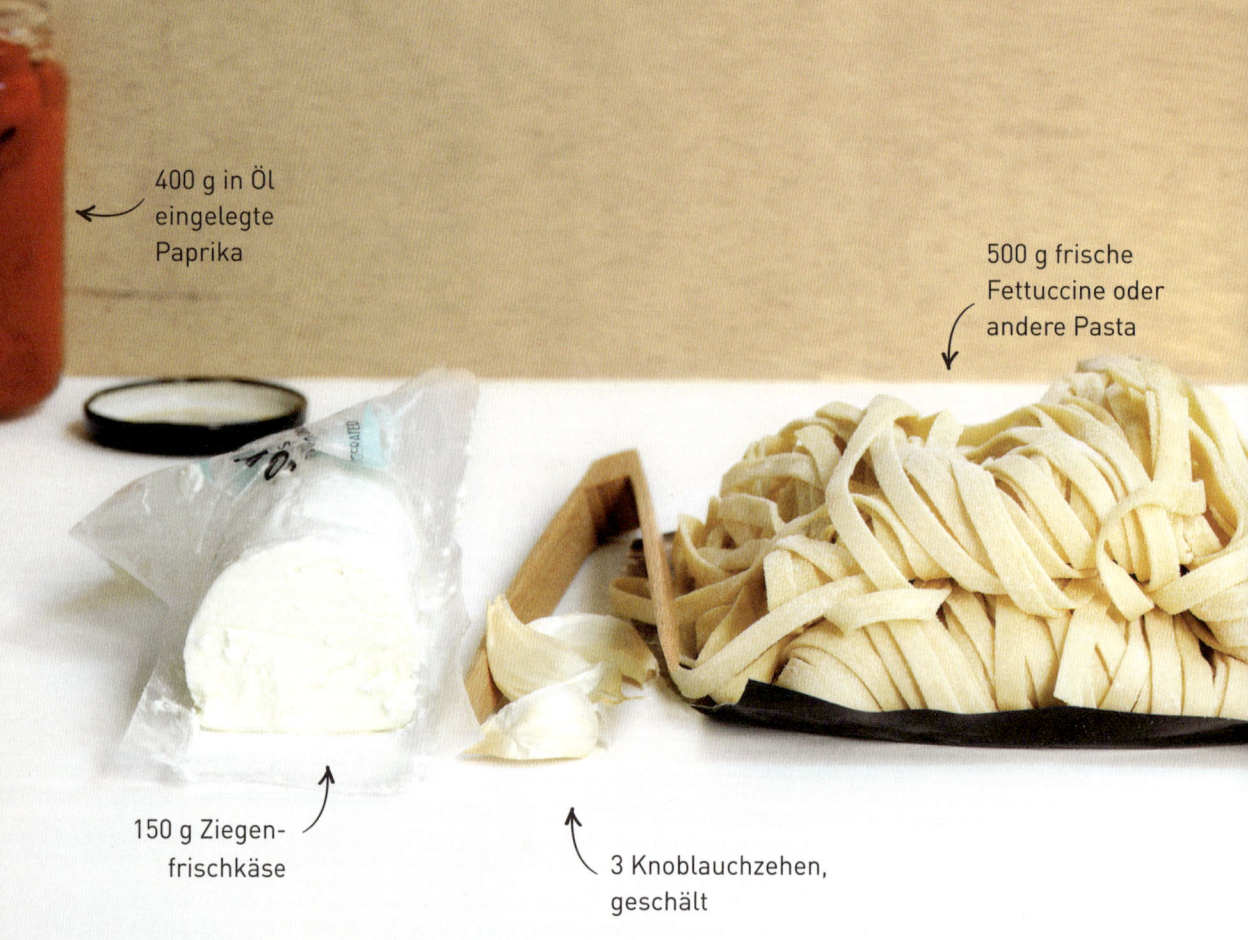

400 g in Öl
eingelegte
Paprika

500 g frische
Fettuccine oder
andere Pasta

150 g Ziegen-
frischkäse

3 Knoblauchzehen,
geschält

**1** Wasser im Wasserkocher aufkochen. Inzwischen die Paprika abgießen und das Öl beiseitestellen. Die Paprikaschoten grob hacken.

**2** Das kochende Wasser in den Kochtopf gießen, großzügig salzen, die Nudeln darin nach Packungsangabe garen. Abgießen, mit etwas Paprikaöl vermischen und beiseitestellen.

**3** Die Paprika in einer Pfanne bei mittlerer bis großer Hitze anbraten, den Knoblauch dazupressen und mit anbraten. Die Pfanne von der Herdplatte nehmen, die Nudeln hinzufügen und vorsichtig untermischen. Eventuell etwas mehr Öl zugeben. Anrichten, zerbröckelten Ziegenkäse darauf verteilen und sofort servieren.

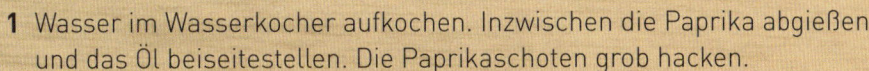

# Spaghetti mit
## *Knoblauchbröseln*

Für 4 Personen • Zubereitung: 10 Minuten • Küchenutensilien:
Wasserkocher, großer Kochtopf, Sieb, Pfanne, kleiner Kochtopf

200 g Paniermehl
(Semmelbrösel)

8 Sardellenfilets

500 g frische
Spaghetti oder
andere feine
Nudeln

Chiliöl oder
Chiliflocken

4 Knoblauch-
zehen, geschält

**1** Wasser im Wasserkocher aufkochen.

**2** Inzwischen die Sardellenfilets grob hacken, die Knoblauchzehen fein schneiden.

**3** Das kochende Wasser in den großen Kochtopf gießen, großzügig salzen und die Spaghetti darin nach Packungsangabe kochen. Abgießen, mit etwas Olivenöl vermischen und beiseitestellen.

**4** Eine Pfanne leer erhitzen und das Paniermehl darin goldbraun rösten, dabei die Pfanne regelmäßig schütteln.

**5** In einem kleinen Kochtopf 4 Esslöffel Olivenöl auf mittlerer bis kleiner Hitze erwärmen, Sardellen und Knoblauch darin dünsten, bis die Sardellen schmelzen und der Knoblauch sein Aroma entfaltet. Das Paniermehl untermischen, dabei so viel Olivenöl zugeben, dass eine krümelige Sauce entsteht. Die Sauce auf die Spaghetti geben und mit Chiliflocken bestreuen oder mit etwas Chiliöl beträufeln. Sofort servieren.

# Linguine mit *Thunfisch* und Kapern

Für 4 Personen • Zubereitung: 10 Minuten • Küchenutensilien: Wasserkocher, großer Kochtopf, Sieb, Pfanne

4 mittelgroße reife Tomaten

2 EL Kapern

300 g Thunfisch aus der Dose

4 Sardellenfilets, in Öl eingelegt

400 g frische Linguine

**1** Wasser im Wasserkocher aufkochen.

**2** Inzwischen die Sardellenfilets grob hacken, die Tomaten würfeln.

**3** Das kochende Wasser in den Kochtopf gießen, großzügig salzen und die Nudeln darin nach Packungsangabe kochen. Abgießen, dabei einige Esslöffel des Kochwassers auffangen. Die Linguine mit etwas Olivenöl vermischen und beiseitestellen.

**4** In einer Pfanne 2 Esslöffel Olivenöl erhitzen. Die Sardellen darin weich braten. Die Temperatur erhöhen, den abgetropften Thunfisch zugeben und 1 Minute unter ständigem Rühren erhitzen, dann die Tomatenwürfel hinzufügen. Einige Minuten weiter erhitzen, bis alles gut warm ist. Die Kapern dazugeben.

**5** Die Linguine mit etwas Kochwasser untermischen, gut umrühren und mit Olivenöl beträufeln.

# Penne mit *Wurst* und Fenchelsamen

Für 4 Personen • Zubereitung: 10 Minuten • Küchenutensilien: Wasserkocher, großer Kochtopf, Sieb, Pfanne

500 g Tomaten-Passata

500 g frische Penne

4 Bratwürste (beliebige Sorte)

2 EL Crème fraîche

2 TL Fenchel-samen

**1** Wasser im Wasserkocher aufkochen. Das kochende Wasser in den Kochtopf gießen, großzügig salzen und die Nudeln darin nach Packungsangabe kochen. Abgießen, mit etwas Olivenöl vermischen und beiseitestellen.

**2** Während die Nudeln kochen, die Würste aufschneiden und die Brätfüllung herausnehmen. 2 Esslöffel Olivenöl in einer Pfanne erhitzen, das Wurstbrät hineingeben, mit einer Gabel zerdrücken und kräftig anbraten. Die entstehende Flüssigkeit und das Fett nach und nach abschöpfen. Sobald das Wurstbrät anfängt, braun zu werden, die Fenchelsamen dazugeben und mit braten, bis sich ihr Aroma entfaltet. Die Tomaten-Passata hinzufügen, umrühren und aufkochen. Die Pfanne von der Herdplatte nehmen, die Crème fraîche unterrühren, salzen und pfeffern.

**3** Die Penne mit der Sauce vermischen. Mit geriebenem Parmesan und gehackter Petersilie bestreut servieren.

Gehackte Petersilie

Geriebener Parmesan

# *Bouillon* mit Tortellini

Für 4 Personen • Zubereitung: 5 Minuten • Küchenutensilien:
großer Kochtopf, Sparschäler

100 g frische grüne
Bohnenkerne oder
Erbsen (tiefgekühlt)

300 g frische
Tortellini mit
beliebiger Füllung

Bouillonwürfel oder
gekörnte Brühe
für 1 l Rinderbrühe

1 EL Estragonblätter

Parmesan,
in Späne gehobelt

**1** Im Wasserkocher 1 Liter Wasser aufkochen. Das kochende Wasser in den Kochtopf füllen, Bouillonwürfel oder gekörnte Brühe hinzufügen und umrühren, bis sich die Brühe auflöst.

**2** Die Tortellini und die Bohnenkerne oder Erbsen sowie den Estragon dazugeben und 2–3 Minuten köcheln lassen, oder bis die Tortellini gar sind.

**3** In tiefen Tellern oder Suppenschalen anrichten. Mit gehobeltem Parmesan bestreuen und sofort servieren.

# *Risoni* mit Käse, Knoblauch und schwarzem Pfeffer

Für 4 Personen • Zubereitung: 10 Minuten • Küchenutensilien: Wasserkocher, Knoblauchpresse, Käsereibe, Pfanne, Kochtopf

400 g Risoni (Orzo, Pasta in Reisform)

800 ml Gemüsebrühe (gekörnte Brühe oder Brühwürfel)

2–3 Knoblauchzehen, geschält

4 EL Butter

150 g Käsemischung (Emmentaler, Greyerzer, Parmesan oder andere Käsesorten)

1 Im Wasserkocher 800 ml Wasser aufkochen. Inzwischen die verschiedenen Käse reiben.

2 Das kochende Wasser in den Kochtopf füllen Brühwürfel oder gekörnte Brühe dazugeben und die Risoni darin 8 Minuten köcheln lassen, dabei regelmäßig umrühren, bis die Pasta gegart und die Flüssigkeit aufgesaugt ist.

3 Inzwischen die Butter in einer Pfanne auf kleiner Hitze schmelzen. Den Knoblauch dazupressen und 3 Minuten andünsten, bis er weich, aber nicht gebräunt ist. Beiseitestellen, bis die Nudeln gar sind.

4 Die Risoni mit der Knoblauchbutter, dem geriebenen Käse und viel frisch gemahlenem schwarzem Pfeffer vermischen. Abschmecken und sofort servieren.

# Basilikumpesto

Für 2 Personen • Zubereitung: 5 Minuten • Küchenutensilien:
Mörser und Stößel oder Küchenmaschine (Blitzhacker)
oder Mixer, Reibe

50 g Basilikumblätter

50 g Pinienkerne

Zitronensaft

50 g Parmesan

2 Knoblauchzehen

**1** Knoblauch, Basilikum, Pinienkerne und einen kräftigen Schuss Zitronensaft im Mörser oder Blitzhacker zu einer Paste pürieren.

**2** Den Parmesan reiben und abwechselnd mit Olivenöl nach und nach hinzufügen, bis ein cremiges Pesto entstanden ist. Falls nötig nochmals mit Salz, Pfeffer oder Zitronensaft abschmecken.

# Variationen von *Pesto*

Für 2 Personen • Als Basis dient das Rezept für Basilikumpesto
auf Seite 154/155.

40 g Walnüsse

60 g geröstete
Mandelstifte

40 g glatte
Petersilie

50 g Brunnenkresse

## Brunnenkresse und Walnüsse

1 Im Blitzhacker oder Mörser Brunnenkresse, Walnüsse, 1 Knoblauchzehe
und etwas Zitronensaft zu einer Paste
pürieren.

2 50 g geriebenen Parmesan abwechselnd
mit Olivenöl hinzufügen, bis ein cremiges
Pesto entstanden ist. Salzen und pfeffern.

## Petersilie und Mandeln

1 Im Blitzhacker oder Mörser Mandeln,
Petersilie, 1 Knoblauchzehe und etwas
Zitronensaft zu einer Paste pürieren.

2 50 g geriebenen Parmesan abwechselnd
mit Olivenöl hinzufügen, bis ein cremiges
Pesto entstanden ist. Salzen und pfeffern.

50 g geschälte
Haselnüsse

50 g Minzeblätter

50 g gemischte frische Kräuter
(z. B. Petersilie, Koriander,
Thymian, Estragon)

50 g Pistazien

## Minze und Haselnüsse

Das Basilikumpesto nach dem Rezept
auf Seite 154/155 zubereiten. Dabei
das Basilikum durch Minze und die Pinienkerne durch Haselnüsse ersetzen.

## Kräuter und Pistazien

Das Basilikumpesto nach dem Rezept auf
Seiten 154/155 zubereiten. Dabei das
Basilikum durch die Kräutermischung und
die Pinienkerne durch Pistazien ersetzen.

# KAPITEL 4

# Fleisch, Geflügel, Fisch

# *Carpaccio* mit Trüffel-Mayonnaise

Für 2 Personen • Zubereitung: 5 Minuten • Küchenutensilien: Frischhaltefolie, scharfes Messer, evtl. Fleischklopfer

50 g Mayonnaise

Rucola zum Garnieren

300 g Rinder-filet

2 TL weißes Trüffelöl, oder mehr, nach Belieben

Zitronensaft

**1** Das Fleisch fest in die Frischhaltefolie einwickeln und 5 Minuten in den Gefrierschrank legen.

**2** Die Mayonnaise mit Trüffelöl, 1 Schuss Zitronensaft, 2 Esslöffeln mildem Olivenöl, Salz und Pfeffer vermischen.

**3** Das Rinderfilet aus der Folie wickeln und mit einem scharfen Messer in ganz dünne Scheiben schneiden. Die Scheiben, falls nötig, mit einem Fleischklopfer zwischen zwei Lagen Frischhaltefolie dünner klopfen. Die Fleischscheiben auf Teller legen, mit Trüffel-Mayonnaise und Rucola garnieren.

# Rührgebratenes *Rindfleisch* mit Reisnudeln

Für 4 Personen • Zubereitung: 10 Minuten • Küchenutensilien: Schüssel, Pfanne oder Wok

4 EL Hoisinsauce

4 Knoblauch-zehen, geschält

250 g grüne Bohnen, geputzt

300 g Reisnudeln

600 g Rindfleisch (Rumpsteak, Roast-beef oder Rinderlende)

**1** Die Nudeln in lauwarmem Wasser einweichen.

**2** In einer Pfanne oder einem Wok 2 Esslöffel Pflanzenöl rauchheiß erhitzen.

**3** Das Fleisch in dünne Streifen schneiden, gut salzen und pfeffern. Den Knoblauch fein schneiden.

**4** Zuerst die Bohnen im heißen Öl 3 Minuten anbraten. Fleisch und Knoblauch hinzufügen und weitere 3 Minuten braten, dabei ständig umrühren. Dann die Reisnudeln abgießen, gut abtropfen lassen, zusammen mit der Hoisinsauce hinzugeben und noch 1 Minute weiter braten. Sofort servieren.

# Würziges *Lammhackfleisch* mit Hummus

Für 2 Personen • Zubereitung: 10 Minuten • Küchenutensilien: Schüssel, große Pfanne

2 EL Ras el-Hanout (marokkanische Gewürzmischung)

2 EL Honig

200 g Hummus

2 EL Pinienkerne

2 Scheiben Lammkeule

**1** Das Fleisch fein hacken. Zusammen mit Ras el-Hanout, Honig, 1 Esslöffel Olivenöl, Salz und Pfeffer in eine Schüssel geben und von Hand gut vermischen.

**2** Den Hummus auf einer Servierplatte verstreichen, dabei in der Mitte eine Mulde formen.

**3** Eine große Pfanne leer stark erhitzen. 1 Esslöffel Olivenöl hineingeben, das Fleisch hinzufügen und 3–4 Minuten kräftig anbraten, dabei von Zeit zu Zeit umrühren, bis das Fleisch gar ist. Das Fleisch samt dem Bratensaft auf dem Hummus anrichten. Mit Pinienkernen und abgezupften Petersilienblättern garnieren. Lauwarmes Pitabrot dazu reichen.

½ Bund glatte Petersile

# Schweinekotelett
## mit Apfel-Aïoli

Für 2 Personen • Zubereitung: 10 Minuten • Küchenutensilien:
Pfanne mit dickem Boden, kleine Schüssel

1 Handvoll
grüner Salat

3 EL Aïoli (Knoblauch-
mayonnaise)

3 EL Apfelmus

40 g Butter

2 Schweinekoteletts

**1** Die Schweinekoteletts kräftig salzen und pfeffern. Eine Pfanne auf mittlerer Stufe erhitzen und die Butter darin schmelzen. Sobald die Butter aufschäumt, die Koteletts in die Pfanne geben und auf jeder Seite 4 Minuten goldbraun braten.

**2** In einer kleinen Schüssel das Aïoli mit dem Apfelmus vermischen. Salzen und pfeffern.

**3** Die Schweinekoteletts mit Aïoli und grünem Salat servieren.

# *Leber* mit Balsamicosauce

Für 2 Personen • Zubereitung: 10 Minuten
• Küchenutensilien: Pfanne

50 ml Crème
fraîche

1 Handvoll
Brunnenkresse

4 EL Balsamicoessig

200 g Lamm- oder
Kalbsleber, küchen-
fertig

3 Frühlings-
zwiebeln

**1** Den weißen Teil der Frühlingszwiebeln fein hacken (den grünen Teil für ein anderes Gericht verwenden). Die Leber in Streifen schneiden.

**2** 2 Esslöffel Olivenöl in einer Pfanne erhitzen. Die Frühlingszwiebeln darin glasig dünsten. Die Leberstreifen dazugeben und unter Wenden auf mittlerer Hitze 1 Minute anbraten. Sie sollen außen gebräunt und innen noch rosa sein.

**3** Die Temperatur erhöhen, den Balsamicoessig hinzufügen und 30 Sekunden köcheln lassen, dabei den Bodensatz in der Pfanne mit einem Holzspatel lösen. Die Temperatur reduzieren, die Crème fraîche hinzufügen und unter Rühren erhitzen, bis sie eindickt. Salzen und pfeffern. Zusammen mit der Brunnenkresse sofort servieren.

# *Entrecôte* mit Blauschimmel- käsebutter

Für 2 Personen • Zubereitung: 8 Minuten • Küchenutensilien: Grillpfanne, kleine Schüssel, Pergamentpapier, Alufolie

100 g Blauschimmel- käse (Gorgonzola oder Roquefort)

2 Handvoll Rucola

200 g Butter, zimmerwarm

2 Entrecôtes

**1** Die Hälfte der Butter mithilfe einer Gabel mit dem Blauschimmel-käse zerdrücken und vermischen. Auf ein Pergamentpapier geben, wie eine Wurst aufrollen und in den Gefrierschrank legen.

**2** Eine Grillpfanne auf höchster Stufe erhitzen. Das Fleisch leicht einölen, kräftig salzen und pfeffern. In der heißen Pfanne auf jeder Seite 30 Sekunden grillen. Die restliche Butter hinzufügen und das Fleisch, je nach gewünschter Garstufe, 4–5 Minuten weiter braten; dabei das Fleisch alle 30 Sekunden wenden und mit Butter begießen. In Alu-folie eingewickelt warm halten.

**3** Die Butterrolle in Scheiben schneiden, diese auf das Fleisch legen und zusammen mit dem Rucola servieren. Die restliche Butter für eine andere Verwendung im Gefrierschrank aufbewahren.

# Variationen
## der aromatisierten *Butter*

Für 2 Personen • Als Basis dient das Rezept für die
Blauschimmelkäsebutter auf Seite 170/171.

4 in Öl eingelegte
Sardellenfilets,
abgetropft

2 TL frisch
gemahlener
Pfeffer aus
der Mühle

2 TL Fleur de Sel

2 TL fein
gehackter
Rosmarin

1 Knoblauchzehe

Fein abgeriebene
Schale von 2 Zitronen

### Mit Zitrone und schwarzem Pfeffer

200 g weiche Butter mit Zitronenschale,
Salz und Pfeffer vermischen. Schmeckt
köstlich zu Fisch, Huhn oder Schweinefleisch.

### Mit Sardellen, Knoblauch, Rosmarin

200 g weiche Butter mit den fein gehackten
Sardellenfilets, Rosmarin und gepresstem
Knoblauch vermischen. Passt ausgezeichnet
zu Lamm oder Rindfleisch.

1 Jede dieser Rezeptvariationen ergibt etwa 200 g aromatisierte Butter.

2 Die Butter in Scheiben schneiden, in Pergamentpapier wickeln
und im Gefrierschrank aufbewahren. Sie hält sich problemlos bis
zu einem Monat.

gehäufte EL
pfelmus (60 g)

½ TL Fleur de Sel

Fein
abgeriebene Schale
von 4 Limetten

1 TL Fleur
de Sel

1–2 Chili-
schoten, fein
gehackt

3 TL Dijonsenf

## Mit Apfel und Senf

200 g weiche Butter, Apfelmus, Senf und
Fleur de Sel mit dem elektrischen Handrührgerät verrühren. Schmeckt lecker
zu Schweinefleisch.

## Mit Chili und Limette

200 g weiche Butter mit Limettenschale,
fein gehackter Chili und Fleur de Sel
vermischen. Passt vorzüglich zu Huhn,
Fisch und Garnelen.

# *Hühnerbrustfilet* mit Thymian und Zitrone

Für 2 Personen • Zubereitung: 10 Minuten • Küchenutensilien: Frischhaltefolie, Teigroller, Platte, kleine Schüssel, Schneebesen, Grillpfanne

1 Zitrone, Saft

12 feine grüne Spargel oder Spargelspitzen

1 großes (oder 2 kleine) Hühnerbrustfilet

3 Zweige Thymian

**1** Das Hühnerfleisch zwischen zwei Lagen Frischhaltefolie mit dem Teigroller flach rollen. Auf eine Platte legen. In einer kleinen Schüssel den Zitronensaft mit den abgezupften Thymianblättchen, 1 Esslöffel Olivenöl, Salz und Pfeffer mit dem Schneebesen verrühren. Drei Viertel dieser Marinade über das Hühnerfilet gießen.

**2** Die Spargel frisch anschneiden und mit etwas Olivenöl beträufeln.

**3** Eine Grillpfanne auf mittlerer Stufe erhitzen. Das Hühnerfleisch und die Spargel in die Grillpfanne geben und 5 Minuten unter regelmäßigem Wenden grillen, bis das Fleisch gar ist. Das Fleisch in Streifen schneiden, mit dem Spargel und der restlichen Zitronensauce vermischen und servieren.

# *Hühnercurry* mit Naanbrot

Für 4 Personen
• Zubereitung: 10 Minuten
• Küchenutensilien: Pfanne mit dickem Boden, Backblech

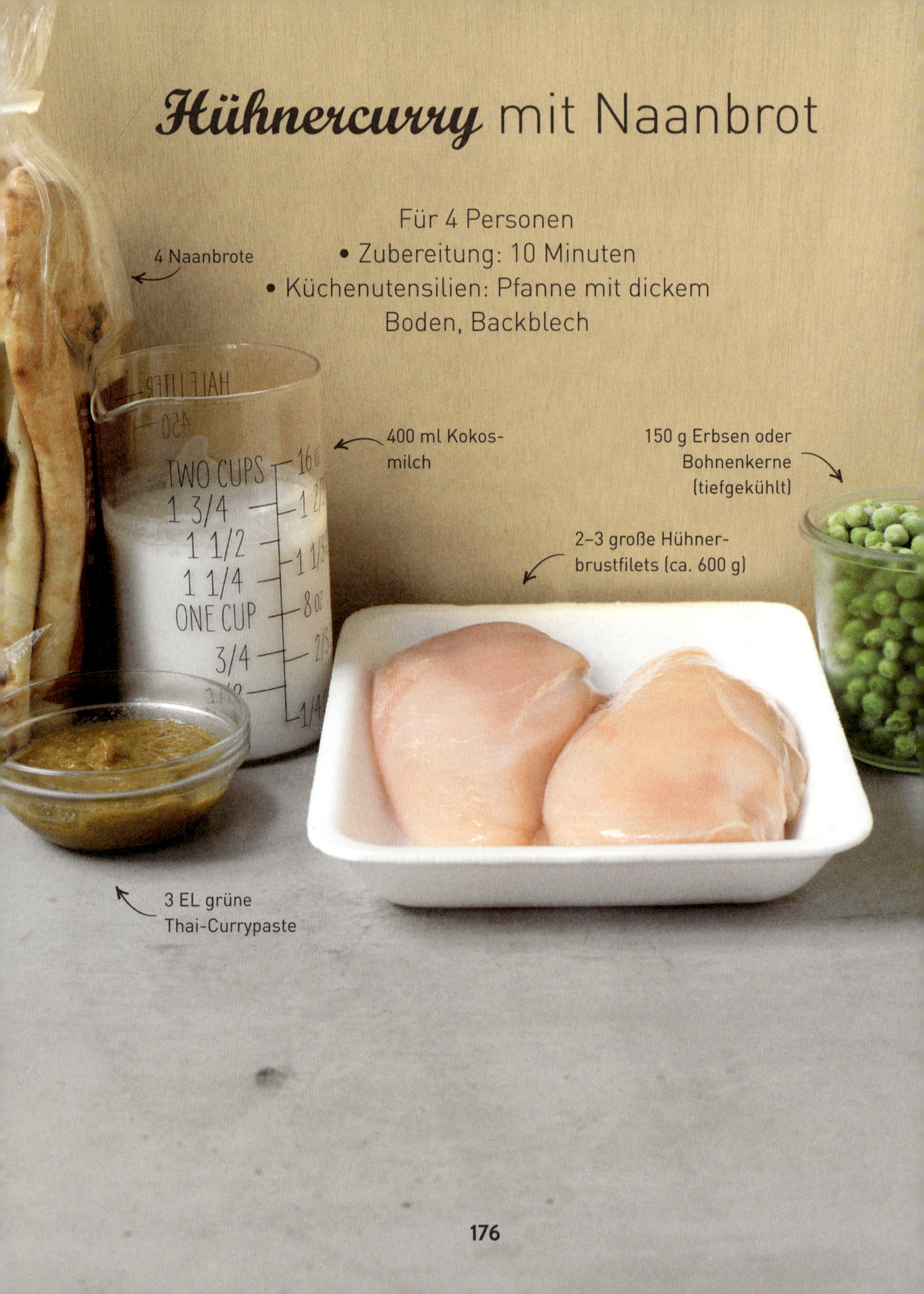

4 Naanbrote
400 ml Kokosmilch
150 g Erbsen oder Bohnenkerne (tiefgekühlt)
2–3 große Hühnerbrustfilets (ca. 600 g)
3 EL grüne Thai-Currypaste
HALF LITER
450
TWO CUPS
1 3/4
1 1/2
1 1/4
ONE CUP
3/4

**1** Den Backofen auf 180 Grad vorheizen. Die Naanbrote auf ein Blech legen und im Backofen 4–5 Minuten aufbacken.

**2** In einer Pfanne 2 Esslöffel Pflanzenöl auf mittlerer bis hoher Stufe erhitzen. Das Hühnerfleisch in sehr dünne Streifen schneiden, in die Pfanne geben und 3 Minuten unter Wenden anbraten.

**3** Die Currypaste, die Kokosmilch und die Erbsen oder Bohnenkerne hinzufügen und noch weitere 4 Minuten weiter dünsten, bis das Fleisch gar ist. Mit dem lauwarmen Naanbrot servieren.

# Fajitas mit *Hühnerfleisch*

Für 4 Personen • Zubereitung: 10 Minuten
• Küchenutensilien: Platte, Grillpfanne, Zange

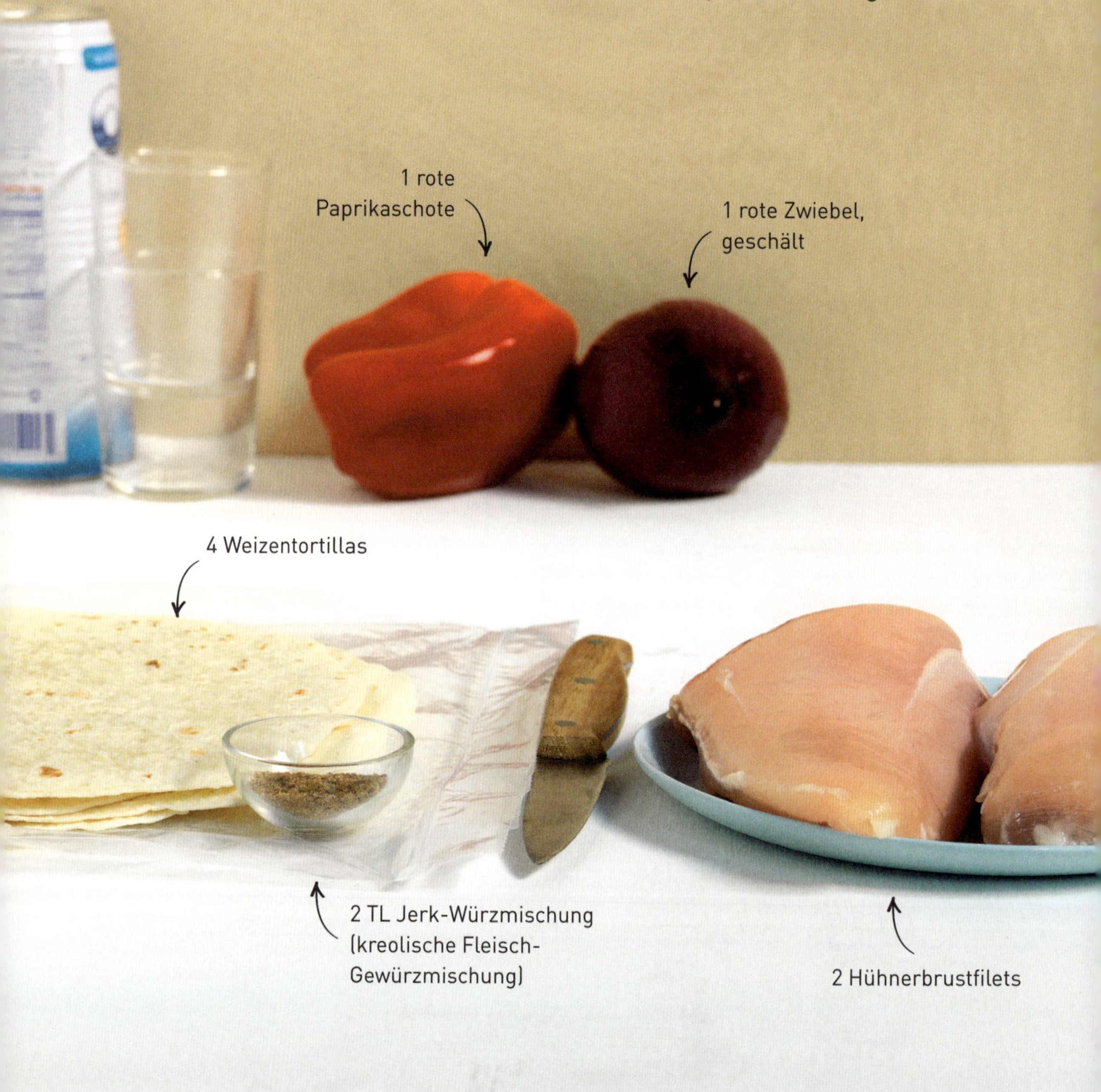

1 rote
Paprikaschote

1 rote Zwiebel,
geschält

4 Weizentortillas

2 TL Jerk-Würzmischung
(kreolische Fleisch-
Gewürzmischung)

2 Hühnerbrustfilets

**1** Das Hühnerfleisch in ½ cm dünne Streifen schneiden und auf eine Platte legen. Die Gewürzmischung, Salz, Pfeffer und 2 Esslöffel Pflanzenöl hinzufügen und alles gut vermischen.

**2** Paprika und Zwiebel in Streifen schneiden und mit dem Hühnerfleisch vermischen.

**3** Eine Grillpfanne stark erhitzen. Die Huhn-Gemüse-Mischung 5 Minuten anbraten, dabei das Fleisch regelmäßig wenden. Fleisch und Gemüse in die Mitte der 4 Tortillafladen geben, einige Korianderblätter daraufgeben und aufrollen. Mit Limettenschnitzen servieren.

Einige Zweige
Koriander und
Limettenschnitze

# Vietnamesische Frühlingsrollen mit *Ente*

Ergibt 6 Stück • Zubereitung: 10 Minuten • Küchenutensilien: Wasserkocher, Schüssel, Sieb, flache mit lauwarmem Wasser gefüllte Schlüssel

1 geräucherte Entenbrust

40 g dünne Reisnudeln (Vermicelli)

90 ml Hoisinsauce

3 Frühlingszwiebeln

6 Reisblätter für Frühlingsrollen

**1** Wasser im Wasserkocher aufkochen.

**2** Die Frühlingszwiebeln in 10 cm lange Streifen und die Entenbrust in feine Streifen schneiden. Die Reisnudeln in eine Schüssel geben, mit kochendem Wasser übergießen und 5 Minuten ziehen lassen, dann in ein Sieb abgießen und abspülen.

**3** Die Reisblätter einzeln in das lauwarme Wasser tauchen und auf die saubere Arbeitsfläche legen. Etwas Reisnudeln, Frühlingszwiebeln, Entenbrustscheiben und Hoisinsauce in die Mitte der Reisblätter geben (nicht zu viel Belag), dann zuerst die untere Kante der Blätter über die Füllung schlagen, anschließend die beiden Seiten darüberschlagen und von unten her fest aufrollen. Sofort servieren oder bis zum Verzehr in einem sauberen angefeuchteten Küchentuch aufbewahren.

# *Thunfisch* mit Edamame und Sobanudeln

Für 2 Personen • Zubereitung: 8 Minuten • Küchenutensilien:
Wasserkocher, Grillpfanne, Küchenpinsel, Kochtopf, Sieb

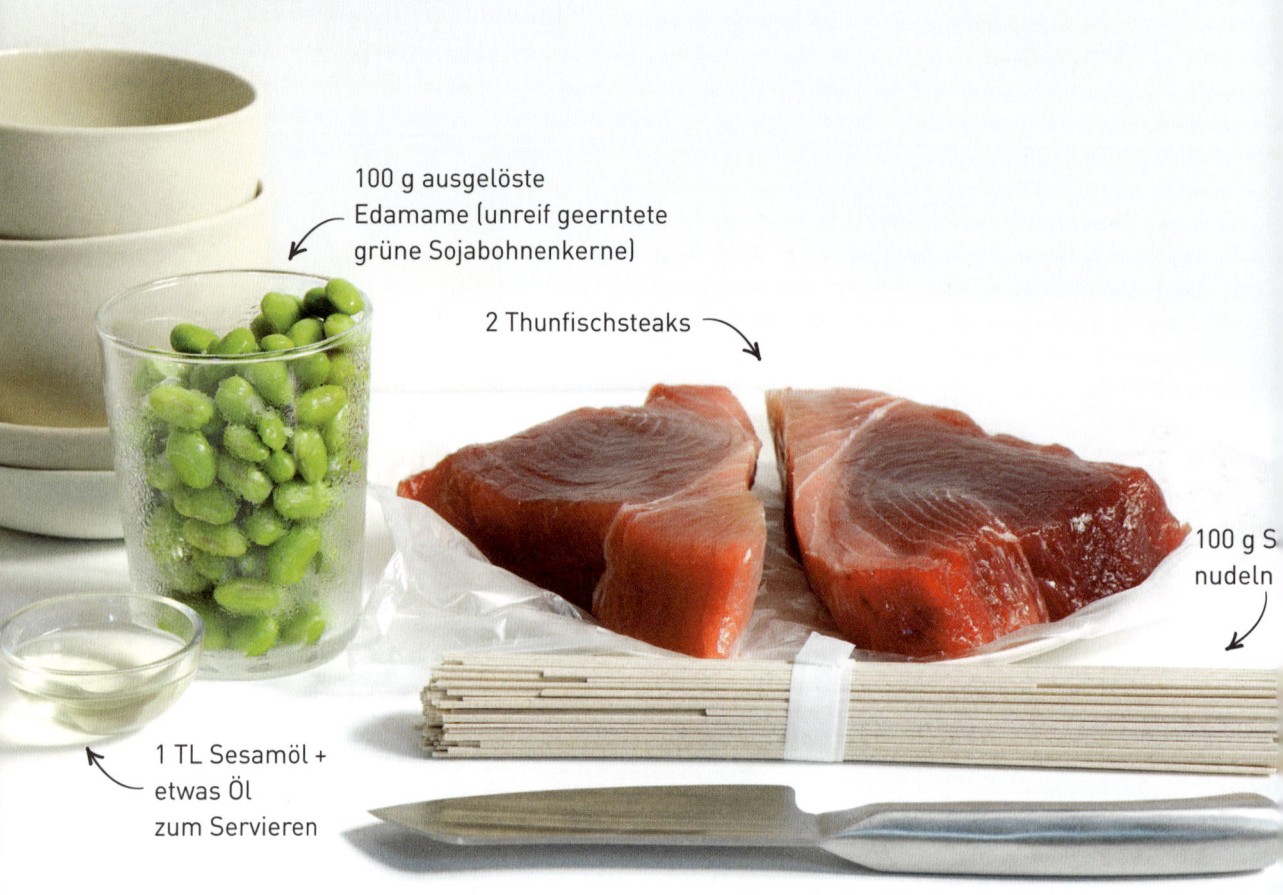

100 g ausgelöste
Edamame (unreif geerntete
grüne Sojabohnenkerne)

2 Thunfischsteaks

100 g S
nudeln

1 TL Sesamöl +
etwas Öl
zum Servieren

**1** Wasser im Wasserkocher aufkochen.

**2** Eine Grillpfanne stark erhitzen. Die Thunfischsteaks mit Pflanzenöl bestreichen und großzügig mit frisch gemahlenem schwarzem Pfeffer bestreuen. In der Grillpfanne auf jeder Seite 1 Minute grillen und beiseitestellen.

**3** Das kochende Wasser in einen Kochtopf gießen, die Sobanudeln hineingeben und nach Packungsangabe garen. 2 Minuten vor Ende der Kochzeit die Edamame hinzufügen. Nudeln und Edamame abgießen, unter kaltem Wasser abspülen und wieder in den Kochtopf geben. Das Sesamöl dazugeben, umrühren und kurz erwärmen.

**4** Den Thunfisch in dünne Streifen aufschneiden und auf einem Bett von Sobanudeln und Edamame anrichten. Nach Belieben nochmals etwas Sesamöl darüberträufeln.

# Geräucherter *Schellfisch* mit Couscous und Harissa

Für 4 Personen • Zubereitung: 10 Minuten • Küchenutensilien: Wasserkocher, hitzebeständige Schüssel, Frischhaltefolie, Pfanne

300 g Couscousgrieß

Brühwürfel oder gekörnte Brühe für 1 l Gemüsebrühe

400 g geräucherter Schellfisch

1 Handvoll Korianderblätter

1–2 EL Harissa (scharfe Gewürzpaste)

**1** Im Wasserkocher 1 Liter Wasser aufkochen. Das kochende Wasser in eine Schüssel gießen, den Brühwürfel oder die gekörnte Brühe darin auflösen. Den Couscousgrieß hinzufügen, umrühren, mit Frischhaltefolie abdecken und 5 Minuten quellen lassen.

**2** In einer Pfanne 2 Esslöffel Pflanzenöl erhitzen und den Fisch auf jeder Seite 2 Minuten braten.

**3** Den Koriander hacken. Den aufgequollenen Couscous mit einer Gabel auflockern, mit den Korianderblättchen und dem Harissa vermischen. Nach Geschmack salzen und pfeffern.

**4** Die Fischhaut abziehen und den Fisch grob zerpflückt auf dem Couscous servieren.

# *Seebarsch* in Dashibrühe

Für 2 Personen • Zubereitung: 8 Minuten
• Küchenutensilien: Wasserkocher, Küchenpinsel,
kleiner Kochtopf, Pfanne, Spatel

Dashiflocken,
Dashipulver für 500 ml
Brühe (oder Fisch-
fond bzw. -fumet)

2 Handvoll junge
Spinatblätter

2 Seebarschfilets
mit Haut

1 EL Sojasauce

4 Frühlingszwiebeln

1 Im Wasserkocher 500 ml Wasser aufkochen.

2 Inzwischen die Haut der Fischfilets mehrmals einschneiden.
Die Filets mit Pflanzenöl bestreichen, salzen und pfeffern. Die Frühlingszwiebeln fein schneiden.

3 Das kochende Wasser in einen Kochtopf gießen, die Dashiflocken,
dann die Sojasauce und die Frühlingszwiebeln hinzufügen. Auf ganz
kleiner Hitze warm halten.

4 Eine Pfanne leer stark erhitzen. Die Fischfilets auf der Hautseite
3–4 Minuten braten. Vorsichtig wenden und weitere 1–2 Minuten braten.

5 In Suppenschalen jeweils 1 Handvoll Spinatblätter geben, mit der
Dashibrühe übergießen. Die Fischfilets hinzufügen und sofort servieren.

# Gegrillter *Hering* mit marinierter Gurke

Für 2 Personen • Zubereitung: 10 Minuten
• Küchenutensilien: Sparschäler, kleine Schüssel,
Grillpfanne, Küchenpinsel

1 Salatgurke
(ca. 400 g)

400 ml Reisessig

4 Heringe,
ausgenommen
und geschuppt

1 gehäufter EL Zucker

**1** Die Gurke schälen und mit dem Sparschäler in Streifen schneiden. Die Gurkenstreifen in eine kleine Schüssel geben, Reisessig, Zucker, 1 Prise Chiliflocken (nach Belieben) und ¼ Teelöffel Fleur de Sel hinzufügen und mischen.

**2** Eine Grillpfanne auf mittlerer Stufe erhitzen. Die Heringe mit dem Küchenpinsel leicht mit Olivenöl bestreichen, salzen und pfeffern. 3–5 Minuten braten, dabei regelmäßig wenden. Zusammen mit der marinierten Gurke und Zitronenschnitzen sofort servieren.

# Calamares ganz einfach

Für 2 Personen

• Zubereitung: 10 Minuten • Küchenutensilien: großer Kochtopf,
großer Teller, Küchenpapier, Schaumlöffel

40 g Maisstärke

Zitronenschnitze

250 g Tintenfischringe

1 Den Kochtopf bis 3 cm unter den Rand mit Pflanzenöl füllen.
Auf Frittiertemperatur erhitzen.

2 Inzwischen die Maisstärke auf einen Teller geben. 1 Teelöffel
Fleur de Sel und 2 Teelöffel schwarzen Pfeffer aus der Mühle hinzufügen und gut vermischen. Die Tintenfischringe darin wenden.

3 Prüfen, ob das Öl heiß genug ist (ein kleines Stück Brot sollte inner-
halb von 30 Sekunden goldbraun werden). Dann die Tintenfischringe
in mehreren kleinen Portionen jeweils höchstens 1 Minute im heißen Öl
frittieren. Mit einem Schaumlöffel herausheben und auf Küchenpapier
abtropfen lassen. Mit Zitronensaft beträufeln und sofort servieren.

# Nudeln mit Sataysauce und *Garnelen*

Für 4 Personen • Zubereitung: 10 Minuten • Küchenutensilien: kleine Schüssel, Wok oder große Pfanne

300 g Asianudeln zum Braten (vorgekocht)

60 ml milde Chilisauce

2 EL Erdnussbutter

2 EL Limettensaft

300 g rohe, ausgelöste Garnelen

**1** Erdnussbutter, Chilisauce und Limettensaft in einer kleinen Schüssel verrühren.

**2** In einem Wok oder einer großen Pfanne 2 Esslöffel Pflanzenöl erhitzen und die Garnelen darin 1 Minute bei großer Hitze braten, bis sie rosa werden. Die Nudeln und die angerührte Sauce hinzufügen und rühren, bis die Nudeln warm und gut mit der Sauce umhüllt sind. Eventuell etwas Wasser hinzufügen, wenn die Sauce zu dickflüssig ist. Salzen und pfeffern. Mit Limettenschnitzen garniert sofort servieren.

# *Tintenfischsalat* mit Chorizo und Mandeln

Für 4 Personen • Zubereitung: 10 Minuten • Küchenutensilien: flache große Schale, Schüssel, Pfanne, Schaumlöffel

300 g Chorizo

600 g Tintenfisch-tentakel, gesäubert

1 Zitrone, Saft

1 Handvoll Rucola

20 g gehobelte Mandeln

1 Die Tentakel abspülen und trocknen. In eine flache Schale geben, mit der Hälfte des Zitronensafts und mit Olivenöl beträufeln, salzen und pfeffern. Gut vermischen und beiseitestellen.

2 In einer Pfanne 1 Esslöffel Olivenöl erhitzen. Die Chorizo in dünne Scheiben schneiden und bei mittlerer bis starker Hitze goldbraun und knusprig braten. Mit einem Schaumlöffel herausheben und in eine Schüssel geben.

3 In derselben Pfanne die Tentakel 3 Minuten auf starker Hitze anbraten; sie sollen zart bleiben und auf den Punkt gegart sein. Samt dem Kochfond in die Schüssel geben. Den Rucola zusammen mit dem restlichen Zitronensaft und etwas Olivenöl dazugeben, salzen und pfeffern. Gut vermischen. Mit Mandelblättchen bestreut servieren.

# Fisch en *papillote*

Für 2 Personen • Zubereitung: 10 Minuten
• Küchenutensilien: 2 Bogen Pergamentpapier, Blech

Etwas Weißwein

4 EL Crème fraîche

2 sehr dünne Fischfilets
(Kabeljau, Schellfisch, Dorade,
Seebarsch oder Lachs)

1 Handvoll Kräuter
(Petersilie, Estragon
oder Dill)

**1** Den Backofen auf 230 Grad vorheizen. Die Fischfilets jeweils in die Mitte eines Bogens Pergamentpapier legen. Mit Crème fraîche bestreichen, salzen und pfeffern. Die Kräuter hinzufügen. Das Pergamentpapier zusammenfalten und die Enden gut eindrehen. In der Mitte eine kleine Öffnung lassen. Durch diese kleine Öffnung den Wein einfüllen, dann die Päckchen gut verschließen. Dabei aber genügend Raum lassen, damit sie sich mit Dampf füllen können.

**2** Auf ein Backblech legen und im Backofen 8 Minuten garen. Die Papierhülle leicht öffnen und zusammen mit Salz und Zitronenschnitzen sofort servieren.

# Variationen von Fisch
## en *papillote*

Für 2 Personen • Den Fisch nach dem Rezept auf Seite 196/197 zubereiten und eine der folgenden Zutatenkombinationen mit in das Pergamentpäckchen geben.

2 EL Sojasauce

1 Frühlingszwiebel

Etwas
Sesamöl

1 EL Erbsen
(tiefgekühlt)

2 EL Kokos-
milch

2 TL grüne
Thai-Currypaste

½ TL fein geschnittene
Chilischote

**Mit Sojasauce und Frühlingszwiebeln**         **Thai-Curry**

2 EL Tomaten-
Passata

1 Prise
getrockneter
Oregano

1 TL gehackter
Estragon

1 EL schwarze
Oliven, fein gehackt

1 Handvoll
Brunnenkresse

**Mit Tomatensauce und Oliven**

**Mit Brunnenkresse und Estragon**

# KAPITEL 5

# Turbo-Desserts

# *Kirsch*-Schokoladentrüffel

Ergibt 28 Stück • Zubereitung: 6 Minuten
• Küchenutensilien: Küchenmaschine oder Mixer

150 g Schokoladen-
kekse mit Creme-
füllung (z. B. Oreos)

40 g getrocknete
Kirschen
oder Cranberrys

1 Prise Salz

40 g Doppelrahm-
Frischkäse

**1** Alle Zutaten in der Küchenmaschine (Blitzhacker) oder im Mixer zu einer gleichmäßigen Masse pürieren.

**2** Mit einem Teelöffel kleine Portionen der Masse abstechen und zu Kugeln rollen. Sofort servieren oder bis zum Verzehr kühl stellen.

**3** Die Trüffel vor dem Servieren nach Belieben mit Kakao bestäuben.

# Weiße *Granola*-Crisps

Ergibt 16 Stück
• Zubereitung: 5 Minuten + 20–30 Minuten Kühlen • Küchenutensilien: Wasserkocher, hitzebeständige Schüssel,
Kochtopf, Schüssel, mit Backpapier belegtes Blech oder Platte
in Kühlschrankgröße

200 g Granola, am besten
mit viel Trockenfrüchten

250 g weiße Schokolade

**1** Wasser im Wasserkocher aufkochen. Die Schokolade in Stücke brechen und in eine hitzebeständige Schüssel geben. Das kochende Wasser in einen Kochtopf füllen, die Schüssel mit der Schokolade daraufstellen und auf kleiner Hitze die Schokolade unter gelegentlichem Rühren schmelzen lassen.

**2** Das Granola in eine zweite Schüssel füllen, die geschmolzene Schokolade hinzufügen und vermischen, bis das Granola gut mit Schokolade umhüllt ist. Mithilfe von zwei Esslöffeln kleine Häufchen auf das Backpapier setzen und 20–30 Minuten in den Kühlschrank stellen.

# Aprikosenriegel

Ergibt 12 Stück • Zubereitung: 5 Minuten
• Küchenutensilien: Küchenmaschine oder Mixer, quadratische
oder rechteckige Form (ca. 12 x 12 cm) oder Kastenform
(ca. 24 cm Länge)

120 g Haferflocken

50 g Puffreis

100 g getrocknete
Aprikosen

4 EL Erdnussbutter
(oder Mandel-, Walnuss-
oder Cashewpüree)

75 ml Honig

**1** Die Haferflocken in der Küchenmaschine (Blitzhacker) oder im Mixer zu Pulver mahlen. Erdnussbutter, Honig, Aprikosen und Puffreis hinzufügen und vermischen, bis eine zusammenhängende Teigkugel entstanden ist.

**2** Die Masse in die Form füllen, gut andrücken und glatt streichen. In 6 x 2 cm große Riegel schneiden.

# Karamell-*Popcorn*

Für 4 Personen als Snack • Zubereitung: 8 Minuten + 5 Minuten
Abkühlen • Küchenutensilien: kleiner Kochtopf, großer Kochtopf mit
dickem Boden und Deckel, beschichtetes Backblech

3 EL heller Zuckerrüben-
sirup (Golden Syrup) oder
flüssiger Honig

50 g Popcornmais

30 g Butter

1 Den Zuckerrübensirup oder Honig mit der Butter und 1 Prise Salz in einen kleinen Kochtopf geben. 1 Minute auf starker Hitze köcheln lassen, dann vom Herd nehmen.

2 Den Popcornmais mit 1 Esslöffel Pflanzenöl in einen großen Kochtopf geben. Gründlich vermischen, damit die Maiskörner gut mit Öl umhüllt sind. Zugedeckt auf mittlerer bis hoher Stufe erhitzen. Sobald die Maiskörner aufzuplatzen beginnen, den Topf 1 Minute von der Herdplatte nehmen, aber nicht öffnen, dann wieder auf die Herdplatte stellen. Den Kochtopf öfter schütteln. Sobald keine Körner mehr aufplatzen, den Topf vom Herd nehmen und 1 Minute warten. Die Sirup-Butter-Mischung hinzufügen und gut umrühren. Auf einem Blech ausbreiten und abkühlen lassen.

# *Erdnussbutter*-Cookies ohne Backen

Ergibt 24 Stück
• Zubereitung: 10 Minuten + 10 Minuten Abkühlen

325 g Haferflocken

60 ml Milch

55 g Butter

225 g Zucker

2 EL Erdnussbutter

1 Zucker, Butter, Milch und 1 kräftige Prise Salz in einen Kochtopf geben und auf mittlerer bis kleiner Stufe unter Rühren erhitzen, bis sich der Zucker aufgelöst hat. Auf mittlerer Hitze 2 Minuten aufkochen, dabei ständig umrühren.

2 Vom Herd nehmen. Haferflocken und Erdnussbutter hinzufügen und gut umrühren, dann wieder auf die Herdplatte stellen und unter ständigem Rühren nochals 1 Minute weiter kochen. Mithilfe von zwei Löffeln kleine Portionen abstechen, auf Pergamentpapier setzen und mit dem Löffelrücken flach drücken; dabei zügig arbeiten. Die Cookies werden beim Abkühlen fest.

# Knusprige *Blätterteigstangen*

Ergibt 8 Stück • Zubereitung: 10 Minuten + 5 Minuten Ruhen
• Küchenutensilien: Schale, Backpapier, Teigroller, mit Backpapier
belegtes Blech

80 g Blätterteig,
ausgerollt

1½ EL Zucker

1 EL beliebige Gewürz-
mischung (z. B. Lebkuchen-
gewürz)

**1** Den Backofen auf 200 Grad vorheizen. Zucker und Gewürze in einer kleinen Schale mischen.

**2** Den Blätterteig in 8 Streifen schneiden. Diese mit genügend Abstand zwischen zwei Backpapierbögen legen und mit dem Teigroller zu länglichen Rechtecken ausrollen. Auf ein mit Backpapier belegtes Blech legen.

**3** Den Teig mit einer Gabel einstechen und mit der Gewürzmischung bestreuen. Im Backofen 6–7 Minuten backen, bis der Teig goldbraun ist. Lauwarm servieren.

# *S'mores*, ganz einfach

Ergibt 4 Stück • Zubereitung: 5 Minuten
• Küchenutensilien: mit Backpapier belegtes Backblech
Dies ist ein in Amerika und Kanada beliebter süßer Snack,
der traditionell am Lagerfeuer genossen wird.

8 Butterkekse
oder Spekulatius

8 große Marshmallows

4 Stücke dunkle
Schokolade (40 g)

**1** Den Backofengrill auf höchster Stufe vorheizen.

**2** 4 Kekse auf ein kleines Backblech legen, die Schokoladenstücke und dann die Marshmallows darauf verteilen.

**3** Unter dem Backofengrill etwa 2 Minuten grillen, bis die Marshmallows goldgelb werden. Jeweils mit einem zweiten Keks bedecken und sofort genießen.

# *Feigen* mit Karamell und Pistazien

Für 2 Personen • Zubereitung: 10 Minuten
• Küchenutensilien: Kochtopf, Pfanne

150 ml Crème
fraîche

4 reife Feigen

30 g Butter

Pistazien zum
Dekorieren

150 g brauner
Zucker

**1** Die Feigen der Länge nach halbieren. Die Butter in einer Pfanne schmelzen und die Feigen mit der Schnittfläche nach unten 2 Minuten auf mittlerer bis starker Hitze braten. Die Feigen wenden und noch 1 Minute braten. Beiseitestellen.

**2** Die Crème fraîche mit dem Zucker in einem Topf verrühren und ein paar Minuten erhitzen. Die Feigen mit der Karamellsauce überziehen und mit Pistazien bestreut servieren.

# Trockenfrüchtekompott
## mit Ricotta

Für 2 Personen • Zubereitung: 10 Minuten
• Küchenutensilien: Wasserkocher, kleiner Kochtopf, Zitronenpresse,
Schneebesen, Schaumlöffel

250 g Trocken-
früchtemischung

3 gehäufte EL
Ricotta

1 Sternanis oder
2 Gewürznelken

1 Zimtstange

1 Zitrone, Saft

**1** Wasser im Wasserkocher aufkochen. Die Trockenfrüchte, Zimt, Sternanis oder Gewürznelken in einen kleinen Kochtopf geben. Mit kochendem Wasser (ca. 400 ml) bedecken. Den Zitronensaft hinzufügen und alles sprudelnd 8 Minuten kochen lassen, bis die Früchte gar sind.

**2** Inzwischen den Ricotta mit einem Schneebesen aufschlagen, bis er glatt und cremig ist.

**3** Die fertig gegarten Früchte mit einem Schaumlöffel aus dem Topf nehmen und auf Schälchen verteilen. Mit etwas Kochflüssigkeit beträufeln und mit dem Ricotta servieren.

# Klassischer *Cheesecake*

Für 8 Personen • Zubereitung: 10 Minuten + 1 Stunde Kühlen
• Küchenutensilien: kleiner Kochtopf, Küchenmaschine, Springform
von 20 cm Durchmesser, elektrisches Handrührgerät

200 g Doppelrahm-
Frischkäse

200 g Spekulatius

100 g Butter

2 EL Puderzucker

300 ml Crème
fraîche

**1** Die Butter in einem kleinen Kochtopf schmelzen. Die Spekulatius in der Küchenmaschine (Blitzhacker) zu Krümeln mahlen. Mit der geschmolzenen Butter vermischen. Die Krümelmasse in die Springform füllen und gut festdrücken. Kühl stellen, während die Füllung zubereitet wird.

**2** Crème fraîche, Frischkäse und Puderzucker zu einer cremigen und sehr festen Masse schlagen. Auf den Keksboden in der Springform füllen und 1 Stunde kühl stellen. Vor dem Servieren den Springformrand entfernen und in Portionsstücke aufschneiden.

# Variationen von *Cheesecake*

Für 8 Personen • Als Basis dient das Rezept für den klassischen Cheesecake auf Seite 220/221.

3 EL Ahornsirup +
Sirup zum
Überziehen ↘

4 EL Dulce
de leche oder
Milchkonfitüre ↘

Einige Bananen-
scheiben ↙

Fleur de Sel ↗

## Mit Ahornsirup und Banane

Den Cheesecake auf die klassische Art zubereiten, dabei den Puderzucker durch Ahornsirup ersetzen. Vor dem Servieren mit zusätzlichem Sirup überziehen und mit Bananenscheiben dekorieren.

## Mit Salzkaramell

Den Cheesecake auf die klassische Art zubereiten. Vor dem Kühlstellen die Frisch-käseschicht mit Dulce de leche bestreichen und mit Fleur de Sel bestreuen.

Fein abgeriebene
Schale von 2 Limetten

80 ml Limettensaft

200 g Ingwerkekse

250 g Lemon
Curd

200 g Butterkekse

Fein abgeriebene
Schale von 1 Zitrone

## Mit Limette

Den Cheesecake auf die klassische Art
zubereiten, dabei die Spekulatius durch
Butterkekse ersetzen. Den Limettensaft mit
drei Vierteln der Limettenschale vermischen
und unter den Frischkäse rühren. Den
Kuchen mit den restlichen Limettenschalen
dekorieren und kühl stellen.

## Mit Zitrone

Den Cheesecake auf die klassische Art
zubereiten, dabei die Spekulatius durch
Ingwerkekse ersetzen und die Zitronenschale unter den Frischkäse rühren.
Zuerst den Lemon Curd auf den Keksboden
streichen, dann den Frischkäse.

# Orangencreme
# mit *Rosenwasser*

Für 4 Personen • Zubereitung: 5 Minuten
• Küchenutensilien: Reibe, Zitronenpresse, kleine Schüssel,
Schüssel, elektrisches Handrührgerät

1 Orange

50 g Zucker

250 ml
Schlagrahm
(Sahne)

4 gezuckerte Kekse,
zum Servieren

2 TL Rosenwasser

1 Die Orangenschale abreiben und den Saft auspressen. Den Orangensaft mit drei Vierteln der Orangenschale, dem Rosenwasser und dem
Zucker vermischen. Den Zucker unter Rühren auflösen.

2 Den Schlagrahm in einer Schüssel aufschlagen. Nach und nach die
Orangensaftmischung unterheben, dabei immer weiterschlagen, damit die
Creme leicht und schaumig wird (nicht mehr als notwendig aufschlagen).

3 Die Creme in hohe Gläser füllen, mit der restlichen Orangenschale
dekorieren und zusammen mit den Keksen servieren.

# *Schokoladen*-Tassenkuchen

Für 1 Portion • Zubereitung: 5 Minuten • Küchenutensilien: mikrowellengeeignete hohe Tasse (mindestens 350 ml Fassungsvermögen), kleiner Schneebesen, Mikrowelle

2 EL Mehl, mit 1 Prise Backpulver vermischt

2 EL Kakaopulver

1 Ei

2½ EL Zucker

2 EL Milch

**1** Das mit Backpulver vermischte Mehl, Zucker, Kakaopulver und das Ei in die Tasse geben. Mit einem Schneebesen verrühren. Die Milch und 2 Esslöffel Pflanzenöl hinzufügen und wiederum gut vermischen.

**2** In der Mikrowelle auf höchster Stufe 3 Minuten erhitzen. Vor dem Servieren eventuell mit Puderzucker bestreuen.

# Heidelbeer-Tassenkuchen

Für 1 Portion • Zubereitung: 5 Minuten
• Küchenutensilien: mikrowellengeeignete hohe Tasse (mindestens
350 ml Fassungsvermögen), kleiner Schneebesen, Mikrowelle

2 EL Milch

3 EL Zucker

3 EL Mehl,
mit 1 Prise Back-
pulver vermischt

25 g Heidelbeeren
+ ein paar Heidelbeeren
zum Servieren

1 Ei

**1** Das mit Backpulver vermischte Mehl, Zucker und Ei in die Tasse geben. Mit einem Schneebesen gut verrühren. Die Milch und 2 Esslöffel Pflanzenöl hinzufügen und wiederum gut vermischen. Die Heidelbeeren unterheben.

**2** In der Mikrowelle auf höchster Stufe 3 Minuten erhitzen. Den Tassenkuchen zusammen mit Heidelbeeren und nach Belieben mit Schlagrahm (Sahne) servieren.

# Weiße *Schokoladenmousse*
## mit Heidelbeeren

Für 4 Personen • Zubereitung: 8 Minuten +1 Stunde Kühlen.
• Küchenutensilien: Kochtopf und hitzebeständige Schüssel,
elektrisches Handrührgerät

250 ml Schlag-
rahm (Sahne)

150 g Heidelbeeren +
ein paar Heidelbeeren
zum Servieren

125 g weiße
Schokotröpfchen

**1** Das Spülbecken 1 cm hoch mit kaltem Wasser füllen.

**2** Wasser im Wasserkocher aufkochen und in einen Kochtopf füllen.
Die Schokotröpfchen mit 2 Esslöffeln Schlagrahm in eine hitzebeständige
Schüssel geben, die Schüssel auf den Topf stellen und die Schokolade
über dem heißen Wasserbad erwärmen, bis sie geschmolzen ist.
Dann die Schüssel in das kalte Wasser im Spülbecken stellen und die
Schokolade ein paar Minuten abkühlen lassen. Den restlichen
Rahm hinzufügen und mit dem elektrischen Handrührgerät zu einer
festen Creme aufschlagen. Dann die Heidelbeeren unterheben.

**3** Die Creme in 4 Schälchen füllen und vor dem Servieren 1 Stunde
kühl stellen. Mit ein paar Heidelbeeren oder mit weißen Schokolade-
spänen garnieren.

# *Tiramisu*, klassisch

Für 4 Personen • Zubereitung: 8 Minuten • Küchenutensilien:
große, flache Platte, elektrisches Handrührgerät, Reibe

16 Löffelbiskuits

375 g Mascarpone

180 ml kalter
Espresso oder 5 TL
löslicher Kaffee

Dunkle Schokolade
für die Garnitur

2 EL Zucker

1 Den löslichen Kaffee, falls verwendet, in 200 ml kaltem Wasser auflösen. Die Löffelbiskuits jeweils in 4 Stücke brechen und auf die Platte legen. Mit Espresso oder löslichem Kaffee übergießen und dann vorsichtig umdrehen. Beiseitestellen.

2 Den Mascarpone mit dem Zucker und 100 ml kaltem Wasser verrühren.

3 Die Hälfte der Löffelbiskuitstücke in die Dessertschalen oder -gläser füllen, die Hälfte der Mascarponecreme darauf verteilen, dann die restlichen Biskuits einfüllen. Mit einer Schicht Mascarpone enden. Großzügig mit geriebener Schokolade bestreuen. Sofort servieren oder kühl stellen, damit sich die Aromen gut verbinden.

# Variationen von *Tiramisu*

Für 4 Personen • Als Basis dient das Rezept für Tiramisu
auf Seite 232/233.

280 ml Granat-
apfelsaft

200 ml Sirup von den
Litschis aus der Dose

1 TL Rosenwasser

1 Handvoll
Granatapfelkerne

Einige Litschis
aus der Dose

## Mit Granatapfel

Den Espresso durch 180 ml Granatapfel-
saft ersetzen und die restlichen 100 ml
Saft anstelle des kalten Wassers unter den
Mascarpone rühren. In die Mitte eine Lage
Granatapfelkerne geben und das Tiramisu
mit Granatapfelkernen anstelle von Schokolade bestreuen.

## Mit Litschis und Rosenwasser

Den Espresso durch eine Mischung aus
Litschisirup und Rosenwasser ersetzen
und die Löffelbiskuits darin tränken. Einige
Tropfen Rosenwasser unter den Mascar-
pone mischen. In die Mitte eine Schicht in
Stücke geschnittene Litschis geben und das
Tiramisu mit Litschistücken anstelle von
Schokolade bestreuen.

160 ml Marsala

2 EL Zucker

160 ml Limoncello

40 ml Wasser

40 ml Wasser

1 Handvoll
Heidelbeeren

In Sirup eingelegte
Pfirsiche aus der Dose

2½ EL Zucker

## Mit Marsala

Den Marsala in einem kleinen Kochtopf
mit Wasser und Zucker vermischen. Unter
ständigem Rühren erhitzen. Die Biskuits
statt im Espresso in der Marsalamischung
tränken und etwas Marsala unter den
Mascarpone mischen. In die Mitte eine
Schicht gehackte Pfirsiche geben und das
Tiramisu mit Pfirsichstücken anstelle von
Schokolade bestreuen.

## Mit Limoncello und Heidelbeeren

Den Limoncello in einem kleinen Koch-
topf mit Wasser und Zucker vermischen.
Einige Minuten unter Rühren erhitzen.
Die Löffelbiskuits statt im Espresso in der
Limoncellomischung tränken und etwas
Limoncello unter den Mascarpone mischen.
In die Mitte eine Schicht Heidelbeeren
geben und das Tiramisu mit Heidelbeeren
anstelle von Schokolade bestreuen.

# Schokoladencreme

Für 4 Personen • Zubereitung: 6 Minuten + 30 Minuten Kühlen
• Küchenutensilien: Kochtopf, kleine Schale, Schneebesen

500 ml Vollmilch

80 g dunkle
Schokolade
+ etwas Schokolade
zum Reiben

2 EL Zucker

1 EL Kaffee- oder
Schokoladenlikör

2 EL Maisstärke

**1** Milch und Zucker in einem Kochtopf erhitzen und kurz vor dem Kochen von der Herdplatte nehmen. Die zerkleinerte Schokolade und den Likör hinzufügen. Umrühren, damit die Schokolade schmilzt.

**2** Die Maisstärke mit 2 Esslöffeln der Schokoladenmilch in eine kleine Schale geben und verrühren, bis sich die Maisstärke vollständig aufgelöst hat. Zurück in den Kochtopf gießen und gut umrühren. Auf kleiner Hitze unter Rühren erhitzen, bis die Creme eindickt.

**3** Die Creme in Schälchen füllen und kühl stellen. Mit geriebener Schokolade garnieren und zusammen mit Biscotti servieren.

# Karamellisierte *Orangen* mit Ahornsirupcreme

Für 2 Personen • Zubereitung: 5 Minuten
• Küchenutensilien: elektrisches Handrührgerät, Schüssel,
kleine Schale, große Pfanne, Spatel

150 ml Schlag-rahm (Sahne)

2 große Orangen

1 EL Ahornsirup

1 TL gemahlener Zimt

50 g brauner Zucker

**1** Die Orangen mitsamt der bitteren weißen Schicht schälen. Jede Orange in 6 Scheiben schneiden.

**2** Den Rahm mit dem Ahornsirup in einer Schüssel aufschlagen, bis er schaumig-dick wird. Zucker und Zimt in einer kleinen Schale mischen.

**3** Eine Pfanne erhitzen. Die Orangenscheiben 1 Minute anbraten, wenden, mit der Zucker-Zimt-Mischung bestreuen und noch 1 Minute weiterbraten. Die Orangenscheiben wieder wenden und nochmals 1 Minute braten, bis der Zucker karamellisiert. Heiß, zusammen mit der Ahornsirupcreme, servieren.

# *Erdbeer*-Baiser-Dessert

Für 4 Personen • Zubereitung: 8 Minuten • Küchenutensilien:
Mixer, Schüssel, elektrisches Handrührgerät

300 ml Schlag-
rahm (Sahne)

400 g Erdbeeren

75 g Baisers
(Meringues)

2–3 Esslöffel
Puderzucker

**1** Die Erdbeeren vom Stielansatz befreien. Die Hälfte der Erdbeeren mit 1 Esslöffel Puderzucker im Mixer zu einer schönen glatten Sauce mixen. Die restlichen Erdbeeren vierteln.

**2** Den Schlagrahm in einer Schüssel mit dem restlichen Puderzucker aufschlagen, aber nicht allzu fest. Die Baisers zerbröseln und daruntermischen. Den Großteil der Erdbeersauce und der Erdbeeren vorsichtig unterheben.

**3** In Schälchen anrichten, mit der restlichen Sauce und den restlichen Erdbeerstücken garnieren.

# Briochebrötchen
## mit Schokolade

Für 4 Personen • Zubereitung: 6 Minuten • Küchenutensilien:
Pfanne mit dickem Boden, Spatel

Himbeeren,
zum Servieren

Schokoladencreme
(Brotaufstrich)

4 Brioche- oder
Milchbrötchen

Zucker, zum
Bestreuen

25 g Butter

**1** Die Briochebrötchen quer halbieren. Die Hälfte großzügig mit Schokoladencreme bestreichen und mit der anderen Hälfte bedecken.

**2** Die Butter in einer Pfanne auf mittlerer bis hoher Stufe erhitzen, bis sie schäumt. Die Briochebrötchen darin auf jeder Seite 1 Minute goldbraun backen. Dabei mit einem Spatel leicht andrücken.

**3** Warm, mit Zucker bestreut, servieren und nach Belieben Himbeeren dazu reichen.

# Himbeersorbet

Für 4 Personen • Zubereitung: 2 Minuten
• Küchenutensilien: Mixer

3 gehäufte EL Honig,
eventuell mehr, je nach
Geschmack

400 g Himbeeren
(tiefgekühlt)

125 g Mascarpone

2 EL Naturjoghurt

1 Alle Zutaten zusammen im Mixer zu einer cremigen Masse mixen. Dabei die Ränder des Mixers immer wieder abschaben. Sofort servieren.

2 Das Sorbet kann im Gefrierschrank aufbewahrt werden. Vor dem Servieren nochmals mixen.

# *Mojito*-Granité

Für 4 Personen • Zubereitung: 10 Minuten + 4–6 Stunden
Gefrieren • Küchenutensilien: kleiner Kochtopf, Reibe, Mixer, Sieb,
Kastenform aus Metall

100 g Zucker

2 Limetten

1 große Handvoll
Minzeblättchen

1½ EL weißer Rum

**1** Die Limettenschale fein abreiben. Mit dem Zucker und 300 ml Wasser in einen Kochtopf geben. Leicht köcheln lassen, bis sich der Zucker vollständig aufgelöst hat. Einige Minuten abkühlen lassen.

**2** Die Limetten auspressen und den Saft mit Minze, Rum und dem abgekühlten Zuckersirup in den Mixer geben. So lange mixen, bis die Minzeblätter ganz fein gehackt sind. Die Flüssigkeit durch ein Sieb in eine Kastenform gießen und in den Gefrierschrank stellen. Stündlich mit einer Gabel die Eiskristalle aufkratzen, bis die Konsistenz der von zerstoßenem Eis ähnelt. Mit Limettenscheiben anrichten.

# Früchtesorbet

Für 4 Personen • Zubereitung: 3 Minuten • Küchenutensilien:
Küchenmaschine oder Mixer

Die tiefgefrorenen Früchte mit Ahornsirup, Limettensaft und nach
Belieben Minzeblättchen in der Küchenmaschine (Blitzhacker)
oder im Mixer gründlich mixen. Abschmecken und eventuell noch
etwas Limettensaft oder Ahornsirup unterrühren. Sofort genießen.

450 g gemischte
tiefgefrorene Früchte
(z. B. Honigmelone,
Mango und Papaya)

Limettensaft,
nach Geschmack

1–2 EL Ahornsirup

# Eiscreme
## mit *Karamellbonbons*

Für 4 Personen • Zubereitung: 5 Minuten + 2 Stunden Gefrieren
• Küchenutensilien: Schüssel, Schneebesen, 2 große Eiswürfelschalen (für ca. 48 Eiswürfel), Küchenmaschine oder Mixer

400 g Mascarpone

100 g Puderzucker

500 ml Schlagrahm
(Sahne)

1 große Hand-
voll weiche
Karamell-
bonbons mit
Schokoladen-
überzug

2 TL flüssiger
Vanilleextrakt

**1** Mascarpone, Schlagrahm, Vanilleextrakt und Puderzucker in eine Schüssel geben und von Hand mit dem Schneebesen zu einer cremigen Masse aufschlagen. In die Eiswürfelschalen füllen und 1–2 Stunden in den Gefrierschrank stellen.

**2** Die Eiscremewürfel in die Küchenmaschine (Blitzhacker) oder den Mixer geben, die Karamellbonbons hinzufügen und mixen. Kugeln abstechen und sofort servieren.

# Himbeeren in *Zitrusgelee*

Für 4 Personen • Zubereitung: 10 Minuten + mehrere Stunden Kühlen • Küchenutensilien: Wasserkocher, kleine Schüssel, kleiner Kochtopf

100 ml Orangensaft

65 g Zucker

100 g Himbeeren

6 Blatt Gelatine

120 ml Zitronen-saft

**1** Wasser im Wasserkocher aufkochen. Die Gelatineblätter in eine kleine Schüssel legen, mit kaltem Wasser bedecken und 3 Minuten einweichen lassen.

**2** Den Zucker und 65 ml heißes Wasser in einen kleinen Topf geben, umrühren und etwa 1 Minute erhitzen, bis sich der Zucker auflöst. Vom Herd nehmen, den Zitronensaft und den Orangensaft untermischen.

**3** Die Gelatineblätter gut ausdrücken und mit 200 ml heißem Wasser in den Topf geben. Umrühren, bis sich die Gelatine vollständig aufgelöst hat.

**4** Die Himbeeren auf 4 Gläser verteilen und mit der Zitrusmischung übergießen. Mehrere Stunden kühl stellen, damit das Gelee fest wird.

# Rezeptverzeichnis

**255**